餐饮服务与管理

第二版

组　　编◎教育部　财政部

主　　编◎黄　松　李燕林

执行主编◎赵丽华　丁立华　刘　玉

中国旅游出版社

教育部　财政部职业院校教师素质提高计划成果系列丛书

项目专家指导委员会

主　任　刘来泉

副主任　王宪成　郭春鸣

成　员（按姓氏笔画排列）

刁哲军　王继平　王乐夫　邓泽民

石伟平　卢双盈　汤生玲　米　靖

刘正安　刘君义　孟庆国　沈　希

李仲阳　李栋学　李梦卿　吴全全

张元利　张建荣　周泽扬　姜大源

郭杰忠　夏金星　徐　流　徐　朔

曹　晔　崔世钢　韩亚兰

教育部　财政部职业院校教师素质提高计划成果系列丛书

酒店管理专业职教师资培养资源开发（VTNE083）

项目牵头单位：广西师范大学
项 目 负 责 人：黄　松

出版说明

《国家中长期教育改革和发展规划纲要（2010—2020年）》颁布实施以来，我国职业教育进入到加快构建现代职业教育体系、全面提高技能型人才培养质量的新阶段。加快发展现代职业教育，实现职业教育改革发展新跨越，对职业学校“双师型”教师队伍建设提出了更高的要求。为此，教育部明确提出，要以推动教师专业化为引领，以加强“双师型”教师队伍建设为重点，以创新制度和机制为动力，以完善培养培训体系为保障，以实施素质提高计划为抓手，统筹规划，突出重点，改革创新，狠抓落实，切实提升职业院校教师队伍整体素质和建设水平，加快建成一支师德高尚、素质优良、技艺精湛、结构合理、专兼结合的高素质专业化的“双师型”教师队伍，为建设具有中国特色、世界水平的现代职业教育体系提供强有力的师资保障。

目前，我国共有60余所高校正在开展职教师资培养，但由于教师培养标准的缺失和培养课程资源的匮乏，制约了“双师型”教师培养质量的提高。为完善教师培养标准和课程体系，教育部、财政部在“职业院校教师素质提高计划”框架内专门设置了职教师资培养资源开发项目，中央财政划拨1.5亿元，系统开发用于本科专业职教师资培养标准、培养方案、核心课程和特色教材等系列资源。其中，包括88个专业项目，12个资格考试制度开发等公共项目。该项目由42家开设职业技术师范专业的高等学校牵头，组织近千家科研院所、职业学校、行业企业共同研发，一大批专家学者、优秀校长、一线教师、企业工程技术人员参与其中。

经过三年的努力，培养资源开发项目取得了丰硕成果。一是开发了中等职业学校88个专业（类）职教师资本科培养资源项目，内容包括专业教师标准、专业教师培养标准、评价方案，以及一系列专业课程大纲、主干课程教材及数字化资源；二是取得了6项公共基础研究成果，内容包括职教师资培养模式、国际职教师资培养、教育理论课程、质量保障体系、教学资源中心建设和学习平台开发等；三是完成了18个专业大类职教师资资格标准及认证考试标准开发。上述成果，共计800多本正式出版物。总体来说，培养资源开发项目实现了高效益：形成了一大批资源，填补了相关标准和资源的空白；凝聚了一支研发队伍，强化了教师培养的“校—企—校”协同；引领了一批高校的教学改革，带动了“双师型”教师的专业化培养。职教师资培养资源开发项目是支撑专业化培养的一项系统化、基础性工程，是加强职教教师培养培训一体化建设的关键环节，也是对职教师资培养培训基地教师专业化培养实践、教师教育研究能力的系统检阅。

自2013年项目立项开题以来，各项目承担单位、项目负责人及全体开发人员做了大量深入细致的工作，结合职教教师培养实践，研发出很多填补空白、体现科学性和前瞻性的成果，有力推进了“双师型”教师专门化培养向更深层次发展。同时，专家指导委员会的各位专家以及项目管理办公室的各位同志，克服了许多困难，按照两部对项目开发工作的总体要求，为实施项目管理、研发、检查等投入了大量时间和心血，也为各个项目提供了专业的咨询和指导，有力地保障了项目实施和成果质量。在此，我们一并表示衷心的感谢。

编写委员会

2016年3月

序

呈现在读者面前的这套教材是以优异成绩通过验收的教育部、财政部职业院校教师素质提高计划暨职教师资培养资源开发项目“酒店管理专业职教师资培养资源开发（VTNE083）”的重要成果，由《前厅与客房服务管理》《餐饮服务与管理》《酒吧酒水服务》《酒店服务礼仪》《酒店管理专业教学法》5部专业主干课程教材组成，为酒店管理专业职教师资的培养、培训量身打造。本套教材的开发与编撰主要有以下特色。

坚持能力本位理念，凸显职业教育教材与传统学科教育教材的差异：摒弃呈现完整学科体系的传统知识本位思想，侧重在真实工作情境中培养学生综合性地解决问题的能力。正如姜大源教授在《职业教育学研究新论》中所述“以从业中实际应用的经验和策略的习得为主、以适度够用的概念和原理的理解为辅，即以过程性知识为主、陈述性知识为辅”，充分体现教材的职业性和实践性。

以工作过程为主线，统筹设计教材结构：依据“项目贯穿、任务分解”的基本原则，以酒店工作过程为主线，选用典型、实用、趣味、综合、可行的具体工作任务作为教学项目，整体结构以教学项目进行贯穿，并围绕项目展开。按照由总到分的思路，将教学项目划分成若干个子项目，每个子项目可以通过若干个任务来完成，每个任务又可以分解成若干个子任务来表现，通过子任务展示工作成果和工作过程知识。

解构和重构知识体系，以工作过程序化教材内容：解构课程知识体系，按照职业教育教学知识和技能要求进行酒店管理工作过程转化，使工作过程与教学过程深度融合，使教材内容基于工作过程但又高于工作过程。采用项目式、情境式、模块式等形式，重构课程知识体系，按照酒店职业岗位和工作任务所需的知识与能力要求，将知识分散到完成工作任务的各个环节中，按工作任务和工作过程的逻辑关系重构与序化教材内容。按照工作过程序化知识，并不意味着对陈述性知识（理论知识）的弱化，而是以工作过程为参照系，将陈述性知识有机地嵌入工作过程当中，实现对过程知识的诠释和补充。

基于岗位工作任务，精心设计教学情景：为保证基于工作过程系统化的学习效果，教学情境的设计与教材结构相呼应，每一个教学情境的教学内容相对统一和完整。在每一个教学情境中，融入基础知识、需要达成的任务、分工合作方式和过程中的规章规范，以及具体任务操作过程、步骤、评价和改进提高的指导，并对整个过程制订相应的图表，供学生在学习过程中随时记录学习心得、收获、问题及解决问题的方法途径等。

职教师资培养资源开发项目专家指导委员会自始至终地对本套教材的开发与编撰给予指导与帮助，由高校酒店管理专业和课程与教学论专家以及中职学校相关专业骨干教师组成的研究团队构成教材开发与编撰的中坚力量，一批酒店业、旅游业等行业专家及一线管理人员提供了不可或缺的重要支持。此外，还参阅了诸多专家、学者的相关论著，吸取了多方面的研究成果，并得到了相关部门、学校及同行的大力支持，借此机会致以最诚挚的谢意。

黄松　李燕林

2019 年 9 月于桂林王城

再版前言

《餐饮服务与管理》作为教育部、财政部职业院校教师素质提高计划暨职教师资培养资源开发项目“酒店管理专业职教师资培养资源开发（VTNE083）”的重要成果，自2019年首次出版以来以其新颖的体例和扎实的内容获得市场的广泛认可，同时也获批“十三五”“十四五”职业教育国家规划教材。此次修订主要体现在以下四方面：

一是顺应数字化发展趋势，增加了二维码在内的教学内容数字化呈现方式，便于读者通过扫二维码方式获取相关知识链接及教学资源，使其可听、可视、可练。

二是更新了书稿中的个别陈旧案例，新的案例资料在内容选取上重点凸显与餐饮业发展新形态、新理念、新标准的紧密结合。

三是补充完善了社会主义核心价值观的内容。增加了绪论，绪论内容主要包括：深刻认识党的二十大胜利召开的伟大意义，提升新时代大学生政治站位；深刻把握党的二十大主题，激发新时代大学生爱国热情；深入学习领悟过去五年工作和新时代十年伟大变革的重大意义，增强新时代大学生民族自豪感；深刻领会“两个结合”是推进马克思主义中国化时代化的根本途径，加强新时代大学生弘扬中华优秀传统文化教育；牢牢把握全面建设社会主义现代化国家开局起步的战略部署，指引新时代大学生守正创新促发展；深入把握党的二十大关于文化和旅游工作的部署要求，推动文旅融合高质量发展；深刻把握团结奋斗的新时代要求，为文旅行业培养高素质人才。

四是个别表述不贴切的地方以及个别标点符号等均做了修订。

由于作者水平有限，不足之处在所难免，敬请广大读者批评指正！

编者

2023年7月

前言

本教材针对本科及高职高专院校培养符合酒店行业岗位需求的新型人才的目标，以前沿的行业规范及标准进行编写。本书的特色是以项目设定作为任务驱动，除模块六下面的任务 3 因该任务的特殊性，未设置“任务评价”和“任务挑战”外，每一模块下的任务都包含“任务描述”“任务要求”“任务实训”“任务探究”“任务评价”“任务挑战”六个部分。让学生在“任务描述”的引导下，根据“任务要求”，以学习探究的形式自己补充完成“任务实训”“任务探究”缺少的内容，让学生在探索中学习、尝试、提升和创新。在学习完该项任务后，学生可以通过书后的“任务评价”自我考核、分析、总结学习的收获和体会，通过“任务挑战”检测在之前的学习中学到的技能，加深学生对知识和技能更深层次的掌握。为了拓宽学生的视野，增加学生的课外知识，部分任务在最后设置了“知识链接”。总体而言，本书知识结构紧凑、重难点清晰、教学案例生动，具有较强的实操性。

本教材在编写过程中参阅了大量的文献资料，这些资料给予我们极大的帮助，在此对这些文献资料的作者表示谢意。由于编者水平有限，教材中难免存在疏漏之处，敬请大家批评和指正。

编者

2019 年 9 月

目 录

CONTENTS

绪 论

党的二十大是在全党全国各族人民迈上全面建设社会主义现代化国家新征程、向第二个百年奋斗目标进军的关键时刻召开的一次十分重要的大会，是一次高举旗帜、凝聚力量、团结奋进的大会。党的二十大在政治上、理论上、实践上取得了一系列重大成果，就新时代新征程党和国家事业发展制定了大政方针和战略部署，是我们党团结带领人民全面建设社会主义现代化国家、全面推进中华民族伟大复兴的政治宣言和行动纲领，对于全党全国各族人民更加紧密团结在以习近平同志为核心的党中央周围，万众一心、接续奋斗，在新时代新征程夺取中国特色社会主义新的伟大胜利，具有极其重大而深远的意义。学习贯彻党的二十大精神，习近平总书记强调的“五个牢牢把握”是最精准的解读、最权威的辅导。要从战略和全局高度完整、准确、全面理解把握党的二十大精神，增强学习贯彻的政治自觉、思想自觉、行动自觉，为实现党的二十大确定的目标任务不懈奋斗。

一、深刻认识党的二十大胜利召开的伟大意义，提升新时代大学生政治站位

党的二十大担负起全党的重托和人民的期待，从战略全局深刻阐述了新时代坚持和发展中国特色社会主义的一系列重大理论和实践问题，科学谋划了未来一个时期党和国家事业发展的目标任务和大政方针，在党和国家历史上具有重大而深远的意义。

（一）这是中国共产党在百年辉煌成就和十年伟大变革的高起点上创造新时代更大荣光的大会

中国共产党在百年历程中共召开了十九次全国代表大会。党的二十大是我们党在建党百年后召开的首次全国代表大会，也是在新时代十年伟大变革的时

间坐标上召开的全国代表大会，具有特别的里程碑意义。

（二）这是推进实践基础上的理论创新、开辟马克思主义中国化时代化新境界的大会

马克思主义中国化时代化既是马克思主义的自身要求，又是中国共产党坚持和发展马克思主义的必然路径。中国共产党为什么能，中国特色社会主义为什么好，归根到底是马克思主义行，是中国化时代化的马克思主义行。党的二十大深刻阐述了习近平新时代中国特色社会主义思想的科学内涵和精神实质，深入阐释了开辟马克思主义中国化时代化新境界的重大命题并提出了明确要求，具有重大理论意义。

（三）这是谋划全面建设社会主义现代化国家、以中国式现代化全面推进中华民族伟大复兴的大会

现代化是各国人民的共同期待和目标。百年来，我们党团结带领人民进行的一切奋斗、一切牺牲、一切创造，就是为了把我国建设成为现代化强国，实现中华民族伟大复兴。在新中国成立特别是改革开放以来的长期探索和实践基础上，经过党的十八大以来在理论和实践上的创新突破，我们党成功推进和拓展了中国式现代化，创造了人类文明新形态。党的二十大明确提出以中国式现代化全面推进中华民族伟大复兴的使命任务，精辟论述了中国式现代化的中国特色、本质要求和重大原则，深刻阐释了中国式现代化的历史渊源、理论逻辑、实践特征和战略部署，大大深化了我们党关于中国式现代化的理论和实践。

（四）这是致力于推动构建人类命运共同体、携手开创人类更加美好未来的大会

当前，世界之变、时代之变、历史之变正以前所未有的方式展开，人类社会面临前所未有的挑战。世界又一次站在历史的十字路口，何去何从取决于各国人民的抉择。党的二十大深刻把握世界大势和时代潮流，宣示中国在变局、乱局中促进世界和平与发展、推动构建人类命运共同体的政策主张和坚定决心，为共创人类更加美好的未来注入强大信心和力量。

（五）这是推动解决大党独有难题、以党的自我革命引领社会革命的大会

全面建设社会主义现代化国家、全面推进中华民族伟大复兴，关键在党。党的二十大明确提出：我们党作为世界上最大的马克思主义执政党，要始终赢得人民拥护、巩固长期执政地位，必须时刻保持解决大党独有难题的清醒和坚定。

二、深刻把握党的二十大主题，激发新时代大学生爱国热情

党的二十大的主题，正是我们党对这些事关党和国家事业继往开来、事关中国特色社会主义前途命运、事关中华民族伟大复兴战略性问题的明确宣示，是大会的灵魂。习近平总书记在党的二十大报告中，开宗明义指出大会的主题："高举中国特色社会主义伟大旗帜，全面贯彻新时代中国特色社会主义思想，弘扬伟大建党精神，自信自强、守正创新，踔厉奋发、勇毅前行，为全面建设社会主义现代化国家、全面推进中华民族伟大复兴而团结奋斗。"这一主题明确宣示了我们党在新征程上带领人民举什么旗、走什么路、以什么样的精神状态、朝着什么样的目标继续前进等重大问题。《中国共产党第二十次全国代表大会关于十九届中央委员会报告的决议》指出："报告阐明的大会主题是大会的灵魂，是党和国家事业发展的总纲。"学习理解党的二十大精神，必须把握这一"灵魂"，抓住这一"总纲"。大会主题中的六个关键词语值得我们高度重视。

（一）旗帜

新时代新征程党高举的旗帜就是"中国特色社会主义伟大旗帜"。大会主题写入这一根本要求，既体现了中国特色社会主义历史演进的连续性、继承性，又体现了新时代党坚持和发展中国特色社会主义的坚定性、恒久性。

（二）思想

大会主题所指示的"全面贯彻新时代中国特色社会主义思想"，就是要求在新时代新征程必须全面贯彻习近平新时代中国特色社会主义思想。党的二十大报告对此作出全面部署。

（三）精神

继在庆祝中国共产党成立 100 周年大会上习近平总书记提出并号召继承发扬伟大建党精神后，党的二十大主题写入了"弘扬伟大建党精神"的要求，新修改的党章载入了伟大建党精神"坚持真理、坚守理想，践行初心、担当使命，不怕牺牲、英勇斗争，对党忠诚、不负人民"的内涵，这是党在自己最高权力机关及最高章程上的庄严宣示，明确回答了党以什么样的精神状态走好新

的赶考之路的重大问题，不仅是贯穿大会报告的重要红线，也是今后党的全部理论和实践的重要遵循。

（四）现代化

“现代化”即“全面建设社会主义现代化国家”。这一重要主题彰显了当前和今后一个时期党的中心任务。党的二十大庄严宣告：“从现在起，中国共产党的中心任务就是团结带领全国各族人民全面建成社会主义现代化强国、实现第二个百年奋斗目标，以中国式现代化全面推进中华民族伟大复兴。”“中国式现代化”成为这次大会的重要标识。

（五）复兴

在党的二十大主题中，前后用了三个“全面”，即“全面贯彻新时代中国特色社会主义思想”“全面建设社会主义现代化国家”“全面推进中华民族伟大复兴”。第一个“全面”规定了新时代党的创新科学理论的指导地位，第二个“全面”规定了新时代新征程的中心任务，第三个“全面”规定了党在新时代新征程的奋斗目标。大会主题中的前两个“全面”，以及报告全文使用的其他一百多个“全面”，都是为了实现“全面推进中华民族伟大复兴”这一根本目标。

（六）团结奋斗

“团结奋斗”是党的二十大主题的鲜明特色。除了在主题中要求“为全面建设社会主义现代化国家、全面推进中华民族伟大复兴而团结奋斗”外，“团结奋斗”一词还体现在党的二十大报告的标题、导语、正文、结束语各个部分。报告全文共使用 7 次“团结奋斗”、27 次“团结”，突出表达了这次大会的主基调。

三、深入学习领悟过去五年工作和新时代十年伟大变革的重大意义，增强新时代大学生民族自豪感

过去五年和新时代以来的十年，在党和国家发展进程中极不寻常、极不平凡。习近平总书记在党的二十大报告中全面回顾总结了过去五年的工作和新时代十年的伟大变革，深刻指出新时代十年的伟大变革，在党史、新中国史、改革开放史、社会主义发展史、中华民族发展史上具有里程碑意义。学习宣传、贯彻落实党的二十大精神，必须深入学习领悟过去五年工作和新时代十年伟大

变革的重大意义，坚定历史自信、增强历史主动，自觉在思想上政治上行动上同以习近平同志为核心的党中央保持高度一致。

党的二十大报告在总结党的十九大以来五年工作基础上，用“三件大事”、三个“历史性胜利”高度概括新时代十年走过的极不寻常、极不平凡的奋斗历程，从 16 个方面全面回顾党和国家事业发展取得的举世瞩目的重大成就，从 4 个方面总结提炼新时代十年伟大变革的里程碑意义。新时代十年的伟大变革，充分证明中国特色社会主义道路不仅走得对、走得通，而且走得稳、走得好。

四、深刻领会“两个结合”是推进马克思主义中国化时代化的根本途径，加强新时代大学生弘扬中华优秀传统文化教育

党的二十大报告提出，中国共产党为什么能，中国特色社会主义为什么好，归根到底是马克思主义行，是中国化时代化的马克思主义行。100 多年来，我们党洞察时代大势，把握历史主动，进行艰辛探索，坚持解放思想和实事求是相统一、培元固本和守正创新相统一，把马克思主义基本原理同中国具体实际相结合、同中华优秀传统文化相结合，不断推进理论创新、进行理论创造，不断推进马克思主义中国化时代化，带领中国人民不懈奋斗，中华民族迎来了从站起来、富起来到强起来的伟大飞跃，实现中华民族伟大复兴进入了不可逆转的历史进程。

马克思主义理论不是教条，而是行动指南。习近平总书记在党的二十大报告中指出：“我们坚持以马克思主义为指导，是要运用其科学的世界观和方法论解决中国的问题，而不是要背诵和重复其具体结论和词句，更不能把马克思主义当成一成不变的教条。”坚持和发展马克思主义，必须同中国具体实际相结合。100 多年来，我们党把坚持马克思主义和发展马克思主义统一起来，既始终坚持马克思主义基本原理不动摇，又根据中国革命、建设、改革实际，创造性地解决自己的问题，不断开辟马克思主义中国化时代化新境界。坚持和发展马克思主义，必须同中华优秀传统文化相结合。只有植根本国、本民族历史文化沃土，马克思主义真理之树才能根深叶茂。中华优秀传统文化源远流长、博大精深，是中华文明的智慧结晶，其中蕴含的天下为公、民为邦本、为政以德、革故鼎新、任人唯贤、天人合一、自强不息、厚德载物、讲信修睦、亲仁

善邻等，是中国人民在长期生产生活中积累的宇宙观、天下观、社会观、道德观的重要体现，同科学社会主义核心价值观主张具有高度契合性。中国共产党之所以能够领导人民成功走出中国式现代化道路、创造人类文明新形态，很重要的一个原因就在于植根中华文化沃土，不断推进马克思主义中国化时代化，推动中华优秀传统文化创造性转化、创新性发展。

五、牢牢把握全面建设社会主义现代化国家开局起步的战略部署，指引新时代大学生守正创新促发展

党的二十大站在党和国家事业发展的制高点，科学谋划了未来五年乃至更长时期党和国家事业发展的目标任务和大政方针，发出了全面建设社会主义现代化国家、全面推进中华民族伟大复兴的动员令。

“全面建成社会主义现代化强国，总的战略安排是分两步走：从二〇二〇年到二〇三五年基本实现社会主义现代化；从二〇三五年到本世纪中叶把我国建成富强民主文明和谐美丽的社会主义现代化强国。”党的二十大对全面建成社会主义现代化强国两步走战略安排进行了宏观展望，又围绕统筹推进“五位一体”总体布局、协调推进“四个全面”战略布局，从 11 个方面对未来五年工作作出全面部署，全面构建了推进社会主义现代化建设的实践体系。特别是把教育科技人才、全面依法治国、维护国家安全和社会稳定单列部分进行具体安排，充分体现了抓关键、补短板、防风险的战略考量，是党中央基于新的战略机遇、新的战略任务、新的战略阶段、新的战略要求、新的战略环境做出的科学判断和战略安排，必将引领全党全国各族人民有效应对世界之变、时代之变、历史之变，推动全面建设社会主义现代化国家开好局、起好步。

六、深入把握党的二十大关于文化和旅游工作的部署要求，推动文旅融合高质量发展

党的二十大作出推进文化自信自强、铸就社会主义文化新辉煌的重大战略部署，要准确把握社会主义文化建设的指导思想和原则目标、战略重点和主要任务以及中国立场和时代要求。

（一）要准确把握社会主义文化建设的指导思想和原则目标

报告指出：“全面建设社会主义现代化国家，必须坚持中国特色社会主义

文化发展道路，增强文化自信，围绕举旗帜、聚民心、育新人、兴文化、展形象建设社会主义文化强国，发展面向现代化、面向世界、面向未来的，民族的科学的大众的社会主义文化，激发全民族文化创新创造活力，增强实现中华民族伟大复兴的精神力量。”报告明确提出了社会主义文化建设的根本指导思想、基本原则和奋斗目标，坚持为人民服务、为社会主义服务，以社会主义核心价值观为引领，发展社会主义先进文化，弘扬革命文化，传承中华优秀传统文化，满足人民日益增长的精神文化需求，巩固全党全国各族人民团结奋斗的共同思想基础，不断提升国家文化软实力和中华文化影响力。

（二）要准确把握社会主义文化建设的战略重点和主要任务

党的二十大报告提出了建设具有强大凝聚力和引领力的社会主义意识形态、广泛践行社会主义核心价值观、提高全社会文明程度、繁荣发展文化事业和文化产业、增强中华文明传播力影响力五个方面的战略任务，准确把握、全面落实好这些战略重点和主要任务，对于推进文化自信自强，铸就社会主义文化新辉煌具有重要基础支撑作用。

（三）要准确把握社会主义文化建设的中国立场和时代要求

党的二十大报告指出：“中华优秀传统文化源远流长、博大精深，是中华文明的智慧结晶。”要把马克思主义基本原理与中华优秀传统文化相结合，不断推进马克思主义中国化，增强中华文明的传播力和影响力。

（四）以文塑旅、以旅彰文、推进文化和旅游深度融合发展

党的二十大报告明确提出：“加大文物和文化遗产保护力度，加强城乡建设中历史文化保护传承，建好用好国家文化公园。坚持以文塑旅、以旅彰文，推进文化和旅游深度融合发展。”这些重要论述，为文旅行业把握新发展阶段，贯彻新发展理念，构建新发展格局，推动高质量发展点明了方向，指明了路径，是未来 5 年乃至更长一段时间内文旅行业融合发展实践的根本遵循和行动指南，对文旅行业实现理念重构和实践创新具有非常重要的现实指导意义。

七、深刻把握团结奋斗的新时代要求，为文旅行业培养高素质人才

在党的二十大上，习近平总书记宣示新时代新征程党的使命任务，发出了全面建设社会主义现代化国家、全面推进中华民族伟大复兴的动员令。从现在

起，中国共产党的中心任务就是团结带领全国各族人民全面建成社会主义现代化强国、实现第二个百年奋斗目标，以中国式现代化全面推进中华民族伟大复兴。

美好的蓝图需要埋头苦干、团结奋斗才能变为现实。习近平总书记的铿锵宣示充满信心和力量——“党用伟大奋斗创造了百年伟业，也一定能用新的伟大奋斗创造新的伟业”。让我们更加紧密地团结在以习近平同志为核心的党中央周围，全面贯彻习近平新时代中国特色社会主义思想，坚定信心、同心同德，埋头苦干、奋勇前进，深入贯彻落实党的二十大精神和党中央决策部署，为全面建设社会主义现代化国家、全面推进中华民族伟大复兴而团结奋斗，在新的赶考之路上向历史和人民交出新的优异答卷！

相关链接1

关于党的二十大报告，必须知道的“关键词”

2022 年 10 月 16 日，中国共产党第二十次全国代表大会开幕，习近平代表第十九届中央委员会向大会作报告。一起学习报告里的这些“关键词”。

【大会的主题】

大会的主题是：高举中国特色社会主义伟大旗帜，全面贯彻新时代中国特色社会主义思想，弘扬伟大建党精神，自信自强、守正创新，踔厉奋发、勇毅前行，为全面建设社会主义现代化国家、全面推进中华民族伟大复兴而团结奋斗。

【三个“务必”】

中国共产党已走过百年奋斗历程。我们党立志于中华民族千秋伟业，致力于人类和平与发展崇高事业，责任无比重大，使命无上光荣。全党同志务必不忘初心、牢记使命，务必谦虚谨慎、艰苦奋斗，务必敢于斗争、善于斗争，坚定历史自信，增强历史主动，谱写新时代中国特色社会主义更加绚丽的华章。

【极不寻常、极不平凡的五年】

党的十九大以来的五年，是极不寻常、极不平凡的五年。党中央统筹中华民族伟大复兴战略全局和世界百年未有之大变局，就党和国家事业发展作出重大战略部署，团结带领全党全军全国各族人民有效应对严峻复杂的国际形势和接踵而至的巨大风险挑战，以奋发有为的精神把新时代中国特色社会主义不断推向前进。

【三件大事】

十年来，我们经历了对党和人民事业具有重大现实意义和深远历史意义的三件大事：一是迎来中国共产党成立一百周年，二是中国特色社会主义进入新时代，三是完成脱贫攻坚、全面建成小康社会的历史任务，实现第一个百年奋斗目标。

【新时代十年的伟大变革】

新时代十年的伟大变革，在党史、新中国史、改革开放史、社会主义发展史、中华民族发展史上具有里程碑意义。

【归根到底是两个“行”】

实践告诉我们，中国共产党为什么能，中国特色社会主义为什么好，归根到底是马克思主义行，是中国化时代化的马克思主义行。拥有马克思主义科学理论指导是我们党坚定信仰信念、把握历史主动的根本所在。

【中国共产党的中心任务】

从现在起，中国共产党的中心任务就是团结带领全国各族人民全面建成社会主义现代化强国、实现第二个百年奋斗目标，以中国式现代化全面推进中华民族伟大复兴。

【中国式现代化】

中国式现代化，是中国共产党领导的社会主义现代化，既有各国现代化的共同特征，更有基于自己国情的中国特色。

——中国式现代化是人口规模巨大的现代化。

——中国式现代化是全体人民共同富裕的现代化。

——中国式现代化是物质文明和精神文明相协调的现代化。

——中国式现代化是人与自然和谐共生的现代化。

——中国式现代化是走和平发展道路的现代化。

中国式现代化的本质要求是：坚持中国共产党领导，坚持中国特色社会主义，实现高质量发展，发展全过程人民民主，丰富人民精神世界，实现全体人民共同富裕，促进人与自然和谐共生，推动构建人类命运共同体，创造人类文明新形态。

【全面建设社会主义现代化国家开局起步的关键时期】

未来五年是全面建设社会主义现代化国家开局起步的关键时期。

【五个“坚持”】

我国发展进入战略机遇和风险挑战并存、不确定难预料因素增多的时期，各种“黑天鹅”“灰犀牛”事件随时可能发生。我们必须增强忧患意识，坚持底线思维，做到居安思危、未雨绸缪，准备经受风高浪急甚至惊涛骇浪的重大考验。前进道路上，必须牢牢把握以下重大原则。

——坚持和加强党的全面领导。

——坚持中国特色社会主义道路。

——坚持以人民为中心的发展思想。

——坚持深化改革开放。

——坚持发扬斗争精神。

【加快构建新发展格局】

必须完整、准确、全面贯彻新发展理念，坚持社会主义市场经济改革方向，坚持高水平对外开放，加快构建以国内大循环为主体、国内国际双循环相互促进的新发展格局。

【发展经济着力点】

坚持把发展经济的着力点放在实体经济上，推进新型工业化，加快建设制造强国、质量强国、航天强国、交通强国、网络强国、数字中国。

【实施科教兴国战略】

必须坚持科技是第一生产力、人才是第一资源、创新是第一动力，深入实施科教兴国战略、人才强国战略、创新驱动发展战略，开辟发展新领域新赛道，不断塑造发展新动能新优势。

坚持创新在我国现代化建设全局中的核心地位。完善党中央对科技工作统一领导的体制，健全新型举国体制，强化国家战略科技力量，优化配置创新资源，提升国家创新体系整体效能。

【全过程人民民主】

全过程人民民主是社会主义民主政治的本质属性，是最广泛、最真实、最管用的民主。必须坚定不移走中国特色社会主义政治发展道路，坚持党的领导、人民当家作主、依法治国有机统一。

【全面依法治国】

全面依法治国是国家治理的一场深刻革命，关系党执政兴国，关系人民幸福安康，关系党和国家长治久安。必须更好发挥法治固根本、稳预期、利长远的保障作用，在法治轨道上全面建设社会主义现代化国家。

【文化自信自强】

全面建设社会主义现代化国家，必须坚持中国特色社会主义文化发展道路，增强文化自信，围绕举旗帜、聚民心、育新人、兴文化、展形象建设社会主义文化强国，发展面向现代化、面向世界、面向未来的，民族的科学的大众的社会主义文化，激发全民族文化创新创造活力，增强实现中华民族伟大复兴的精神力量。

【为民造福】

治国有常，利民为本。为民造福是立党为公、执政为民的本质要求。必须坚持在发展中保障和改善民生，鼓励共同奋斗创造美好生活，不断实现人民对美好生活的向往。

【完善分配制度】

坚持按劳分配为主体、多种分配方式并存，构建初次分配、再分配、第三次分配协调配套的制度体系。努力提高居民收入在国民收入分配中的比重，提高劳动报酬在初次分配中的比重。坚持多劳多得，鼓励勤劳致富，促进机会公平，增加低收入者收入，扩大中等收入群体。规范收入分配秩序，规范财富积累机制，保护合法收入，调节过高收入，取缔非法收入。

【推动绿色发展】

大自然是人类赖以生存发展的基本条件。尊重自然、顺应自然、保护自然，是全面建设社会主义现代化国家的内在要求。必须牢固树立和践行绿水青山就是金山银山的理念，站在人与自然和谐共生的高度谋划发展。

【总体国家安全观】

国家安全是民族复兴的根基，社会稳定是国家强盛的前提。必须坚定不移贯彻总体国家安全观，把维护国家安全贯穿党和国家工作各方面全过程，确保国家安全和社会稳定。

【新安全格局】

我们要坚持以人民安全为宗旨、以政治安全为根本、以经济安全为基础、以军事科技文化社会安全为保障、以促进国际安全为依托，统筹外部安全和内部安全、国土安全和国民安全、传统安全和非传统安全、自身安全和共同安全，统筹维护和塑造国家安全，夯实国家安全和社会稳定基层基础，完善参与全球安全治理机制，建设更高水平的平安中国，以新安全格局保障新发展格局。

【开创国防和军队现代化新局面】

实现建军一百年奋斗目标，开创国防和军队现代化新局面。

如期实现建军一百年奋斗目标，加快把人民军队建成世界一流军队，是全面建设社会主义现代化国家的战略要求。必须贯彻新时代党的强军思想，贯彻新时代军事战略方针，坚持党对人民军队的绝对领导，坚持政治建军、改革强军、科技强军、人才强军、依法治军，坚持边斗争、边备战、边建设，坚持机械化信息化智能化融合发展，加快军事理论现代化、军队组织形态现代化、军事人员现代化、武器装备现代化，提高捍卫国家主权、安全、发展利益战略能力，有效履行新时代人民军队使命任务。

【坚持和完善“一国两制”，推进祖国统一】

“一国两制”是中国特色社会主义的伟大创举，是香港、澳门回归后保持长期繁荣稳定的最佳制度安排，必须长期坚持。

坚持贯彻新时代党解决台湾问题的总体方略，牢牢把握两岸关系主导权和主动权，坚定不移推进祖国统一大业。

解决台湾问题是中国人自己的事，要由中国人来决定。我们坚持以最大诚意、尽最大努力争取和平统一的前景，但决不承诺放弃使用武力，保留采取一切必要措施的选项，这针对的是外部势力干涉和极少数“台独”分裂分子及其分裂活动，绝非针对广大台湾同胞。国家统一、民族复兴的历史车轮滚滚向前，祖国完全统一一定要实现，也一定能够实现！

【人类命运共同体】

中国提出了全球发展倡议、全球安全倡议，愿同国际社会一道努力落实。我们真诚呼吁，世界各国弘扬和平、发展、公平、正义、民主、自由的全人类共同价值，促进各国人民相知相亲，尊重世界文明多样性，以文明交流超越文明隔阂、文明互鉴超越文明冲突、文明共存超越文明优越，共同应对各种全球性挑战。中国人民愿同世界人民携手开创人类更加美好的未来。

【新时代党的建设新的伟大工程】

全面建设社会主义现代化国家、全面推进中华民族伟大复兴，关键在党。我们党作为世界上最大的马克思主义执政党，要始终赢得人民拥护、巩固长期执政地位，必须时刻保持解决大党独有难题的清醒和坚定。全党必须牢记，全面从严治党永远在路上，党的自我革命永远在路上，决不能有松劲歇脚、疲劳厌战的情绪，必须持之以恒推进全面从严治党，深入推进新时代党的建设新的伟大工程，以党的自我革命引领社会革命。

【五个“必由之路”】

全党必须牢记，坚持党的全面领导是坚持和发展中国特色社会主义的必由之路，中国特色社会主义是实现中华民族伟大复兴的必由之路，团结奋斗是中国人民创造历史伟业的必由之路，贯彻新发展理念是新时代我国发展壮大的必由之路，全面从严治党是党永葆生机活力、走好新的赶考之路的必由之路。

【战略性工作】

青年强，则国家强。当代中国青年生逢其时，施展才干的舞台无比广阔，实现梦想的前景无比光明。全党要把青年工作作为战略性工作来抓，用党的科学理论武装青年，用党的初心使命感召青年，做青年朋友的知心人、青年工作的热心人、青年群众的引路人。

资料来源：人民网 · 中国共产党新闻网 .

相关链接2

9 个重要表述，带你理解高质量

习近平在党的二十大报告中提出，必须完整、准确、全面贯彻新发展理念，坚持社会主义市场经济改革方向，坚持高水平对外开放，加快构建以国内大循环为主体、国内国际双循环相互促进的新发展格局。

中国式现代化

报告原文

在新中国成立特别是改革开放以来长期探索和实践基础上，经过十八大以来在理论和实践上的创新突破，我们党成功推进和拓展了中国式现代化。

中国式现代化，是中国共产党领导的社会主义现代化，既有各国现代化的共同特征，更有基于自己国情的中国特色。

现代化产业体系

报告原文

建设现代化产业体系。坚持把发展经济的着力点放在实体经济上，推进新型工业化，加快建设制造强国、质量强国、航天强国、交通强国、网络强国、数字中国。

区域协调发展

报告原文

促进区域协调发展。深入实施区域协调发展战略、区域重大战略、主体功能区战略、新型城镇化战略，优化重大生产力布局，构建优势互补、高质量发展的区域经济布局和国土空间体系。

高水平社会主义市场经济体制

报告原文

构建高水平社会主义市场经济体制。坚持和完善社会主义基本经济制度，毫不动摇巩固和发展公有制经济，毫不动摇鼓励、支持、引导非公有制经济发展，充分发挥市场在资源配置中的决定性作用，更好发挥政府作用。

乡村振兴

报告原文

全面推进乡村振兴。坚持农业农村优先发展，坚持城乡融合发展，畅通城乡要素流动。扎实推动乡村产业、人才、文化、生态、组织振兴。全方位夯实粮食安全根基，牢牢守住十八亿亩耕地红线。深化农村土地制度改革，赋予农民更加充分的财产权益。保障进城落户农民合法土地权益，鼓励依法自愿有偿转让。

高水平对外开放

报告原文

推进高水平对外开放。稳步扩大规则、规制、管理、标准等制度型开放。加快建设贸易强国。营造市场化、法治化、国际化一流营商环境。推动共建“一带一路”高质量发展。有序推进人民币国际化。深度参与全球产业分工和合作，维护多元稳定的国际经济格局和经贸关系。

新领域新赛道

报告原文

必须坚持科技是第一生产力、人才是第一资源、创新是第一动力，深入实施科教兴国战略、人才强国战略、创新驱动发展战略，开辟发展新领域新赛道，不断塑造发展新动能新优势。

共同富裕

报告原文

我们要实现好、维护好、发展好最广大人民根本利益，紧紧抓住人民最关心最直接最现实的利益问题，坚持尽力而为、量力而行，深入群众、深入基层，采取更多惠民生、暖民心举措，着力解决好人民群众急难愁盼问题，健全基本公共服务体系，提高公共服务水平，增强均衡性和可及性，扎实推进共同富裕。

和谐共生

报告原文

大自然是人类赖以生存发展的基本条件。尊重自然、顺应自然、保护自然，是全面建设社会主义现代化国家的内在要求。必须牢固树立和践行绿水青山就是金山银山的理念，站在人与自然和谐共生的高度谋划发展。

资料来源：http://finance.people.com.cn/n1/2022/1018/c1004-32547280.html.

相关链接3

高举中国特色社会主义伟大旗帜
为全面建设社会主义现代化国家而团结奋斗
——在中国共产党第二十次全国代表大会上的报告（节选）

八、推进文化自信自强，铸就社会主义文化新辉煌

全面建设社会主义现代化国家，必须坚持中国特色社会主义文化发展道路，增强文化自信，围绕举旗帜、聚民心、育新人、兴文化、展形象建设社会

主义文化强国，发展面向现代化、面向世界、面向未来的，民族的科学的大众的社会主义文化，激发全民族文化创新创造活力，增强实现中华民族伟大复兴的精神力量。

我们要坚持马克思主义在意识形态领域指导地位的根本制度，坚持为人民服务、为社会主义服务，坚持百花齐放、百家争鸣，坚持创造性转化、创新性发展，以社会主义核心价值观为引领，发展社会主义先进文化，弘扬革命文化，传承中华优秀传统文化，满足人民日益增长的精神文化需求，巩固全党全国各族人民团结奋斗的共同思想基础，不断提升国家文化软实力和中华文化影响力。

（一）建设具有强大凝聚力和引领力的社会主义意识形态

意识形态工作是为国家立心、为民族立魂的工作。牢牢掌握党对意识形态工作领导权，全面落实意识形态工作责任制，巩固壮大奋进新时代的主流思想舆论。健全用党的创新理论武装全党、教育人民、指导实践工作体系。加强全媒体传播体系建设，塑造主流舆论新格局。健全网络综合治理体系，推动形成良好网络生态。

（二）广泛践行社会主义核心价值观

社会主义核心价值观是凝聚人心、汇聚民力的强大力量。弘扬以伟大建党精神为源头的中国共产党人精神谱系，用好红色资源，深入开展社会主义核心价值观宣传教育，深化爱国主义、集体主义、社会主义教育，着力培养担当民族复兴大任的时代新人。推动理想信念教育常态化制度化，持续抓好党史、新中国史、改革开放史、社会主义发展史宣传教育，引导人民知史爱党、知史爱国，不断坚定中国特色社会主义共同理想。用社会主义核心价值观铸魂育人，完善思想政治工作体系，推进大中小学思想政治教育一体化建设。坚持依法治国和以德治国相结合，把社会主义核心价值观融入法治建设、融入社会发展、融入日常生活。

（三）提高全社会文明程度

实施公民道德建设工程，弘扬中华传统美德，加强家庭家教家风建设，加强和改进未成年人思想道德建设，推动明大德、守公德、严私德，提高人民道德水准和文明素养。统筹推动文明培育、文明实践、文明创建，推进城乡精神文明建设融合发展，在全社会弘扬劳动精神、奋斗精神、奉献精神、创造精神、勤俭节约精神，培育时代新风新貌。加强国家科普能力建设，深化全民阅读活动。完善志愿服务制度和工作体系。弘扬诚信文化，健全诚信建设长效机制。发挥党和国家功勋荣誉表彰的精神引领、典型示范作用，推动全社会见贤思齐、崇尚英雄、争做先锋。

（四）繁荣发展文化事业和文化产业

坚持以人民为中心的创作导向，推出更多增强人民精神力量的优秀作品，培育造就大批德艺双馨的文学艺术家和规模宏大的文化文艺人才队伍。坚持把社会效益放在首位、社会效益和经济效益相统一，深化文化体制改革，完善文化经济政策。实施国家文化数字化战略，健全现代公共文化服务体系，创新实施文化惠民工程。健全现代文化产业体系和市场体系，实施重大文化产业项目带动战略。加大文物和文化遗产保护力度，加强城乡建设中历史文化保护传承，建好用好国家文化公园。坚持以文塑旅、以旅彰文，推进文化和旅游深度融合发展。广泛开展全民健身活动，加强青少年体育工作，促进群众体育和竞技体育全面发展，加快建设体育强国。

（五）增强中华文明传播力影响力

坚守中华文化立场，提炼展示中华文明的精神标识和文化精髓，加快构建中国话语和中国叙事体系，讲好中国故事、传播好中国声音，展现可信、可爱、可敬的中国形象。加强国际传播能力建设，全面提升国际传播效能，形成同我国综合国力和国际地位相匹配的国际话语权。深化文明交流互鉴，推动中华文化更好走向世界。

资料来源：http://www.gov.cn/xinwen/2022-10/25/content_5721685.htm.

模块一

中餐服务体现
细致周到

中餐，即指中国风味的餐食菜肴，不仅是中国人的传统饮食，也越来越受到外国人的青睐。中餐用餐时，从餐具、菜品、礼仪到服务，都有讲究。在星级酒店的中餐服务形式向社会餐饮业大量延展的过程中，无论是在产品、服务还是经营理念上，都对星级酒店餐饮市场形成了强大压力，这样的形势推动了市场对餐饮从业人员的需求，同时，对餐饮从业人员的服务水平及素质要求也越来越高。

项目一　零点餐服务
——满足不同客人的需求

通常把客人来到餐厅后才临时点菜的服务方式称为零点服务。零点服务设置散台，也接受预约订餐。由于零点服务的主要任务是接待散客就餐，宾客多而杂，人数不固定，口味要求不一，到达时间交错，因此造成餐厅接待工作的波动性较大，工作量较大，营业时间较长。

学习目标

* 理解零点服务的任务和要求；
* 掌握零点服务各步骤的操作要求；
* 明确零点服务的程序和方法；
* 增强服务中细致周到的职业能力；
* 具备有效的协调及沟通能力；
* 提升自我管理的专业素养。

任务1　无预订客人的用餐服务

零点服务设置餐台，也接受预约订餐。尤其是接待无预订到店的散客就餐，宾客多而杂，人数不固定，口味要求不一，到达时间交错，因此造成餐厅接待的波动性较大，工作量较大，营业时间较长。要求服务员具有良好的服务态度、较强的敬业精神和过硬的基本功，反应灵敏，熟悉业务，了解当天厨房的供应情况、厨房菜式烹调的基本方法和宾客的心理需求，能推销符合宾客需求的菜点，并向宾客提供最佳的服务。

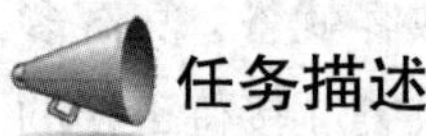

任务描述

酒店中餐厅中午开餐时间，陆陆续续有客人进到店里就餐，此时，1506房的两位商务客人进了餐厅，引位员小王立即礼貌地迎上前去……

请根据无预订客人的用餐服务流程，与小王一起为这两位客人提供优质的零点餐服务。

任务要求

1. 熟悉零点餐服务中无预订客人的用餐服务过程。
2. 初步掌握中餐零点技能服务标准。
3. 掌握零点服务无预订客人的用餐服务工作流程并能按流程灵活提供相应服务。

任务实训

提供零点餐无预订客人的用餐服务

零点服务一般应完成餐前准备、迎宾服务、席间服务、结束工作四个流程，具体内容如下。

工作流程	实施步骤	内容及要求
一、餐前准备	1. 环境准备 2. 物品准备 3. 形象准备 4. 心理准备 5. 摆台 6. 餐前例会	
二、迎宾服务	1. 热情迎宾 2. 引领入座 3. 拉椅服务 4. 递呈菜单 5. 茶水服务 6. 其他服务	
三、席间服务	1. 调整餐用具 2. 菜肴 / 酒水服务 3. 巡台服务	
四、结束工作	1. 结账服务 2. 礼貌送客 3. 清理餐台	

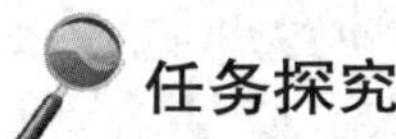

任务探究

一、餐前准备

餐前准备是餐厅服务员在客人到达之前按服务程序要完成的一系列服务准备工作，是做好服务工作的开始。在这一环节，服务员要明确服务任务，搞好餐厅卫生，包括环境卫生、餐用具卫生、个人卫生等，准备好用餐所需要的餐具、酒具及各类服务用品，并做好餐厅台面的装饰摆放等。

（一）环境准备

就餐环境是宾客挑选餐饮场所的重要因素。如果卫生安全、幽静宜人，客人感到舒心、愉快，会给其留下良好的第一印象，是餐饮服务成功的前提。

第一，打扫环境卫生。

整个餐厅应窗明几净、整洁明亮。地面应进行扫地、擦地、地板打蜡或吸尘等工作。

* 四周：______________________________

* 餐桌椅：______________________________

* 工作台：______________________________

第二，调节好室温。

根据季节及营业时间，将室内温度控制在 18℃～22℃。

第三，调节好室内灯光、音响，摆好室内屏风、装饰物等。

第四，根据需要做好节假日及不同主题的餐厅美化工作。

（二）物品准备

1. 餐用具准备

根据餐厅类别，将所需要的餐用具（餐具、酒具等）消毒后放在备餐间或备餐桌上。检查餐用具是否有破损情况，如有破损，立即更换。

2. 其他服务用品准备

准备好服务用品（如各种托盘、开瓶工具、餐巾、牙签等）。

3. 酒水饮料准备

备好供应的酒水饮料、茶叶、开水、冰块等。检查酒水饮料的质量，发现问题，及时退回。

4. 菜单准备

将零点菜单、套餐菜单、当日菜单等准备好。

* 零点菜单：使用最为广泛的菜单，一般都将它作为最基本的菜单。零点菜单按一定的程序排列餐厅提供的各式菜点，每个菜都有单独的价格，就餐宾客可以根据自身口味喜好自由选择所需的菜点。零点的菜单可以分为早、午、晚餐菜单和客房送餐菜单。

〖例〗

◎ 开胃菜：

____

____

◎ 汤：

____

____

◎ 主菜：

____

____

◎ __________ ：

____

____

＊套餐菜单：套餐是指由饭店餐饮部按一般的进餐习惯为宾客提供规定的菜点，不由宾客自主选择。套餐菜单就是这些规定菜点的排列表。与点菜菜单不同的是，点菜菜单上每种菜点都有其单独的价格，而套餐菜单只有每一餐的价格。套餐菜单也分为早、中、晚餐菜单。

〖例〗

◎ 套餐一（RMB 100）

____

____

◎ 套餐二（RMB 120）

____

____

◎ 套餐三（RMB 150）

____

____

◎ __________ ：

____

____

* 当日菜单：指餐饮部根据厨房设备、原料和客源情况每天列出的需特别推荐的菜点或时令菜点的菜单。该菜单的内容较为简单。

〖例〗

____

____

（三）形象准备

餐厅服务员优雅、得体的仪容、仪表、仪态体现了服务员良好的精神风貌，也表示了对宾客的尊重。良好的服务形象会产生积极的宣传效果，影响着餐饮企业的整体形象，在一定程度上反映着餐饮企业的管理水平和服务水平。

* 餐饮服务人员上岗必须按规定着装，衬衣一般置于裤内或裙内，工作服整齐清洁，纽扣齐全，平整笔挺。领带、领结符合规定，做到无脏、无皱、无破损。

* 在左胸上方佩戴表明其姓名、职称、部门的工号牌。

* 头发梳理整齐。女服务员不披发、散发，男发“三不过”：____________。

* 个人卫生清洁。不留长指甲，要勤换衣物，避免异味，保持体味清新。

* 女服务员应淡妆上岗，各种饰品一般不用，用则求简，不能涂抹有色指甲油。

* 餐厅服务员上岗时应精神饱满，面带微笑，体态高雅，举止庄重，落落大方，注意力集中。

上岗前，餐厅服务员要面对镜子，自我检查是否合乎要求。服务员之间也应该互相检查、互相纠正，以最佳的精神状态做好开餐前的准备。

自我形象检查情况：____

____

（四）心理准备

来餐厅用餐的客人，由于年龄、职业、身份、国籍、性别等的不同，用餐目的、标准及要求也各不相同。餐厅服务员要眼观六路，耳听八方，做到处处留心、时时细心、事事精心，对顾客的眼神、表情、举止、动作要善于观察和判断，对各类宾客的各种用餐要求要有心理准备，要因人而异，掌握好尺度，使服务接待工作恰到好处。因此，在餐前准备工作中，餐厅服务员要做好应对各种情况的心理准备。

（五）摆台

1. 铺台布

* 位置：站在主人位。

* 方法：撒渔网式、推拉式、抖铺式。

* 标准：____

____

2. 摆餐具

使用托盘操作，从主人位开始，按顺时针方向依次摆放。摆放餐具时要求轻放，注意卫生标准要求。

* 骨碟定位：____________________________________

____

* 摆放汤碗、汤勺、味碟：__________________________

____

* 摆放筷架、筷子：______________________________

____

* 摆放杯具：____________________________________

____

* 餐巾折花：____________________________________

____

* 摆放公用品：__________________________________

____

* 围椅：____

____

（六）餐前例会

在完成各项准备工作，餐厅营业前的 30 分钟左右，要举行一次餐前会，一般由餐厅经理或领班负责。

1. 餐前例会的内容

* 检查服务人员的仪表、仪容及服务工具是否备好。

* 总结前一天的工作，讲解当日工作要点。对已发生的工作失误、客人投诉、解决办法和预防方法等进行简要说明。

* 介绍当日厨房特色菜肴的原料、口味、烹饪方法及当天菜点水果供应情况等。

* 协调解决其他部门对本部门的意见及请求协作事项。

2．开好餐前例会的要点

* 要有时间的限制，一般以 10 分钟为宜。要有统一约定的开会时间，通常午餐餐前例会在上午 10 点进行，晚餐餐前例会在下午 4 点进行。

* 开会前要做好充分的准备，事先写下开会时要讲的工作要点。

* 开会时要求员工列队，同时以期望员工做好服务工作的态度去激励员工。

* 讲话要清晰，气氛要轻松，让员工易于接受。

* 定期请上级领导到会指导，及时传达上级的指示，做到下情上报、上情下传。

* 遇到重大问题可延长开会时间。

* 利用餐前会实施培训和技术交流。

* 强调餐厅制度及工作标准。

* 开餐前要检查员工的仪容仪表是否符合要求。

二、迎宾服务

（一）热情迎宾

* 客人到达时，应微笑问候，了解是否有预订。

* 重要客人来时，餐厅经理（主管）应在餐厅门口迎候。

（二）引领入座

* 客人无预订：迎宾员礼貌将客人引领到满意的餐台。

* 引领客人时，应走在客人左前方 1 米左右，注意不断回头招呼客人，把握好与客人的距离，提醒客人注意台阶。

（三）拉椅服务

当迎宾员将客人带到餐台边时，值台服务员应主动上前问好，并为客人拉椅让座，注意女士优先。

* 站位：____

* 手势：____

* 细节要求：____

____

（四）递呈菜单

* 开餐前认真检查菜单，保证菜单干净、整洁。

* 根据客人人数，拿取相应数量的菜单。

* 客人入座后，迎宾员打开菜单第一页，用双手呈递给主宾。如果不能确定谁是主宾，可征询宾客意见，再递上菜单。注意女士优先原则。

* 服务员接受客人点菜，完成后将菜单收回，由迎宾员取回放置到迎宾台。

（五）茶水服务

* 首先斟倒免费的欢迎茶或询问客人饮什么茶，问茶的同时适当做介绍并告知价位。

* 按“先宾后主”“长辈、女士优先”的原则斟倒八分满。

* 为全部客人斟完茶后，应将茶壶加满水放在桌上，以方便客人自己添茶。

（六）其他服务

* 香巾服务：____

* 撤加餐具：____

* 递铺餐巾：____

* 取下筷套：____

____

三、席间服务

席间服务时，要勤巡视、勤斟酒、勤换烟灰缸，并细心观察客人的表情及需求，主动提供服务。客人席间离座，应主动帮助拉椅、整理餐巾，待客人回座时应重新拉椅、递铺餐巾。此外，还要注意保持桌面整洁。

（一）调整餐用具

* 根据客人数量调整餐用具：________________________________

____

（二）菜肴 / 酒水服务

递呈菜单后，等候客人点菜，期间可根据客人需求向客人介绍、推销相应菜肴，接受客人点菜后认真记录并复述确认。将服务程序与客人需求有机结合，达到客人满意的效果。由于客人对餐品的喜好程度、饮食习惯、烹饪要求等不尽相同，这些都需要在菜肴服务过程中区别对待。酒水服务亦如此。

____

____

（三）巡台服务

1. 撤换餐用具

____

____

2. 撤换烟灰缸

____

____

3. 冷热毛巾服务

____

____

4. 菜肴换碟服务

____

____

5. 其他

____

____

四、结束工作

（一）结账、送客

当客人提出结账时，服务员应立即为宾客进行结账服务。递呈账单、收现金或卡送收银台，找零或还卡后礼貌致谢。

餐厅通常采用的结账方式主要有现金结账、信用卡结账、支票结账、签单结账和电子支付五种，结账时要注意清点所有酒水、香烟等，还包括点菜单以外的费用并累计总数，防止漏账现象的发生。

*常见信用卡、借记卡：______________________________

* 受理信用卡时的审查事项：

* 电子支付：

客人用餐结账后，起身离开座位，服务员应立即为客人拉椅，并提醒客人带好随身物品，与客人道别并欢迎客人再次光临。

（二）清理餐台

客人离开餐厅后，要迅速检查用品、收拾台面，并重新摆台。这项收尾整理工作有时是在其他客人仍在用餐或是已有客人在等待餐桌的情况下进行的，所以避免打扰客人和加快整理速度是该程序的重要标准。

* 收拾台面：

* 重新摆台：

* 环境整理：

* 安全检查：

任务评价

评价内容		评价标准	评价	
			小组互评	教师评价
餐前服务	餐前准备	1. 环境准备 2. 物品准备 3. 形象准备 4. 心理准备 5. 菜单准备 6. 餐前例会		

续表

评价内容		评价标准	评价	
			小组互评	教师评价
餐中服务	迎宾服务	1. 热情迎宾 2. 引领入座 3. 拉椅服务 4. 递呈菜单 5. 茶水服务 6. 香巾、筷套等其他服务		
	席间服务	1. 调整餐用具 2. 菜肴 / 酒水服务 3. 巡台服务 4. 撤换烟灰缸 5. 突发状况处理		
餐后服务	结束工作	1. 结账服务 2. 礼貌送客 3. 清理餐台		
总　评：	优秀 □	良好 □	基本掌握 □	
自我评价：				
教师建议：				

任务挑战

任选无预订客人的用餐服务中一环节，分小组完成情景设置、角色分配并按规范提供服务等。

授课：中餐宴会摆台（上）

授课：中餐宴会摆台（下）

说课：中餐宴会摆台

评课：中餐宴会摆台

【知识链接】

餐桌摆台及上菜、分菜标准

项目	操作程序及标准
台布及装饰布	可采用抖铺式、推拉式或撒网式铺设装饰布、台布，要求一次完成，两次扣 0.5 分，三次及以上不得分

续表

项目	操作程序及标准
台布及装饰布	拉开主人位餐椅，在主人位铺装饰布、台布
	装饰布平铺在餐桌上，正面朝上，台面平整，下垂均等
	台布正面朝上，铺在装饰布上；定位准确，中心线凸缝向上，且对准正副主人位；台面平整；台布四周下垂均等
餐碟定位	从主人位开始一次性定位摆放餐碟，餐碟间距离均等，与相对餐碟、餐桌中心成三点一线
	餐碟边距桌沿 1.5 厘米
	拿碟手法正确（手拿餐碟边缘部分）、卫生、无碰撞
汤碗、汤勺、味碟	汤碗摆放在餐碟左上方 1 厘米处，味碟摆放在餐碟右上方，汤勺放置于汤碗中，勺把朝左，与餐碟平行，汤碗、味碟的横向直径和汤勺柄成一条直线
	汤碗与味碟之间距离的中点对准餐碟的中点，汤碗与味碟、餐碟间相距均为 1 厘米
筷架、席面羹、筷子、牙签	筷架摆在餐碟右边，其横中线与汤碗、味碟横中线在同一条直线上，筷架左侧纵向延长线与餐碟右侧相切
	席面羹、筷子搁摆在筷架上，筷尾的右下角距桌沿 1.5 厘米
	筷套正面朝上
	牙签位于席面羹和筷子之间，牙签套正面朝上，底部与席面羹齐平
葡萄酒杯、白酒杯、水杯	葡萄酒杯在餐碟正前方（汤碗与味碟之间距离的中点线上）
	白酒杯摆在葡萄酒杯的右侧，水杯位于葡萄酒杯左侧，杯肚间隔 1 厘米，三杯杯底中点成一水平直线。水杯待杯花折好后一起摆上桌，杯花底部应整齐、美观，落杯不超过 2/3 处
	摆杯手法正确（手拿杯柄或中下部）、卫生
公用餐具	公用筷架摆放在主人和副主人餐位水杯正上方，距水杯杯肚下沿切点 3 厘米。先摆放杯花，再摆放公用餐具
	先勺后筷顺序将公勺、公筷搁摆于公用筷架之上，勺柄、筷子尾端朝右
餐巾折花	花形突出正、副主人位，整体协调 有头、尾的动物造型应头朝右（主人位除外） 巾花观赏面向客人（主人位除外） 巾花种类丰富、款式新颖 巾花挺拔、造型美观、花形逼真 操作手法卫生，不用口咬、下巴按、筷子穿

续表

项目	操作程序及标准
餐巾折花	折叠手法正确、一次性成形，杯花折好后放于水杯中一起摆上桌
	手不触及杯口及杯的上部
菜单、花盆和桌号牌	花盆摆在台面正中，桌号牌摆放在花盆正前方、面对副主人位
	菜单摆放在正副主人的筷子架右侧，位置一致，菜单右尾端距离桌边 1.5 厘米
拉椅、让座	拉椅：从第一主宾位开始，座位中心与餐碟中心对齐，餐椅之间距离均等，餐椅座面边缘距台布下垂部分 1 厘米
	让座：手势正确，体现礼貌
托盘、斟酒	将酒水装盘，从第一主宾位开始，连续 5 个餐位，每个餐位换瓶斟酒。顺时针方向前行，在客人右侧斟酒，先斟葡萄酒后斟白酒，共 10 杯
	左手托盘，右手持瓶斟酒，酒标朝向客人，斟酒时瓶口不碰杯口
	斟酒量均匀，葡萄酒 1/2 杯、白酒 2/3 杯，斟倒时做到不滴不洒（每滴一滴扣 0.3 分，每滴一滩扣 1 分）
	服务操作时托盘展开，姿势正确、保持平衡、位置合理
上菜	站在副主人位右侧上菜，上菜时姿势、动作正确、自然
	报菜名或菜肴介绍准确，音量适中，上菜过程讲究卫生、礼貌
分菜	将菜盘撤回，在备餐车（或工作台）上用分菜叉、勺分菜，分 5 人分量，剩余 1 人分量，分量均匀
	从第一主宾位开始，连续 5 个餐位，为客人上菜，上菜姿势、动作正确、自然，讲究卫生、礼貌
托盘	用左手胸前托法将托盘托起，托盘位置高于选手腰部，姿势正确
	托送自如、灵活

任务 2　有预订客人的用餐服务

零点餐厅以接待零点散客为主。不同的客人消费需求不同，在执行服务过程中既要做到服务标准化、规范化，又要做到个性化、程序化。以热情、礼貌、主动、周到的接待服务，为酒店创造良好的声誉和经济效益。

任务描述

上午10点，酒店中餐厅预订员小李接到订餐电话，今天晚上6点林先生和夫人将在这里进行晚餐。小李就相关事宜与客人进行了沟通。

请结合之前零点餐服务中无预订客人的用餐服务流程及要求，针对已预订的林先生提供优质的零点餐服务。

任务要求

1. 熟悉零点餐服务中有预订客人的用餐服务过程。
2. 掌握预订服务工作流程及要求。
3. 掌握零点服务有预订客人的用餐服务工作流程并能按流程灵活提供相应服务。

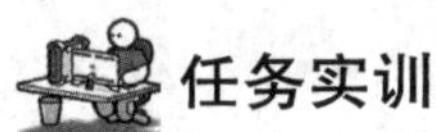

任务实训

提供零点餐有预订客人的用餐服务

针对预订客人，零点服务一般应完成的五个流程是________→________→________→________→________→，其中预订服务的具体内容如下。

常见预订类型	工作内容	服务用语及要求
1. ________预订 2. ________预订 3. ________预订 4. 其他	1. 问候客人 2. 了解需求 3. 接受预订 4. 预订通知 5. 预订记录	________________

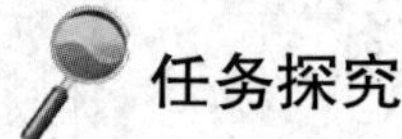

任务探究

一、预订服务

在接受预订过程中，要认真倾听，了解客人的需求，征求客人意见，根据客人的要求安排相应的单间或大厅的餐台以及其他事项，并告知客人。注意强调预订餐位的保留时间，准确记录预订内容，主动服务，以良好的服务态度对待客人的预订。

（一）预订方式

餐厅预订通常有当面预订、电话预订和网络预订三种。

（二）预订内容

第一，客人预订的用餐日期及时间。

第二，用餐人数及标准。

第三，订餐客人姓名、单位、联系电话及电传号码。

第四，餐厅相关要求、其他服务项目或客人的特殊要求。

第五，用餐标准、菜单、酒单的确定。

（三）预订要点

第一，预订是对客人的一种承诺，因此在约定的时间必须为客人保留餐位。

第二，在餐厅实际接待服务中，常出现客人预订后未按约定时间到达、客人预订后不来就餐、客人用餐时间超出预计的时间而影响到其他客人不能按时就餐等现象。所以餐厅在为客人预订餐位时应强调时间的重要性，主动告诉客人为其保留座位的时间期限，超过保留期限的餐位会让给其他客人使用。

第三，对重要客人的预订要主动了解实际到达酒店就餐的时间和变更情况，以便保证餐厅正常营业和接待服务质量。

第四，餐厅如有特殊情况需要更改客人预订的时间和地点，要事先征得客人同意，更改后的标准和条件应有一定的优惠，并达到客人的要求。

第五，预订人员既要精通预订业务，又要具备良好的服务素质和道德意识。预订服务应注意服务的主动性，以良好的服务态度尽量满足客人的需求。

避免出现接听电话不及时、不使用礼貌用语、无法满足客人要求时立即回绝而没有提出替代性建议、对客人的预订没有进一步确认、对客人的具体要求不做详细记录等情形。

第六，预订时，对客人提出的要求应询问清楚，尤其是特殊要求，应逐项填写在预订登记表上。

二、餐前准备

（一）环境准备

就餐环境是宾客挑选餐饮场所的重要因素，需要考虑以下因素：

（1）环境布置要适合餐饮品牌的定位，主题特色鲜明。

（2）氛围营造要舒适雅致，吸引顾客的关注。

（3）通过环境传递产品消费、文化元素等方面的信息，以利于顾客做出判断，愉快消费。

此外，应调节好室内灯光、音响，摆好室内屏风、装饰物等，并根据需要做好节假日及不同主题的餐厅美化工作。

（二）物品准备

1. 零点餐台餐用具准备

（1）早餐摆位图。

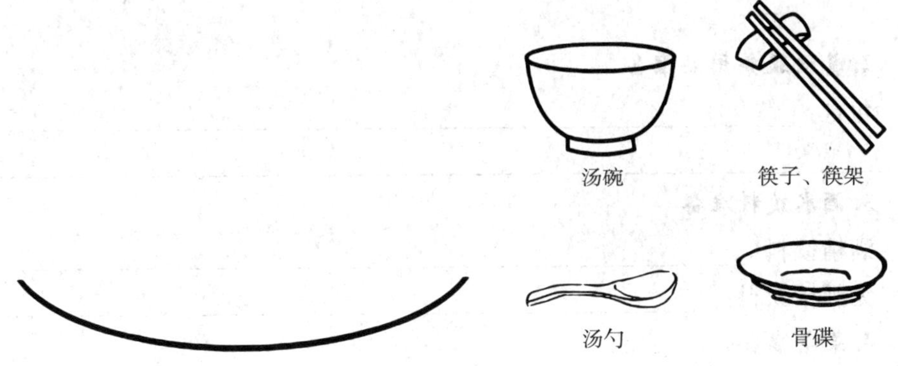

（2）午晚餐摆位图。

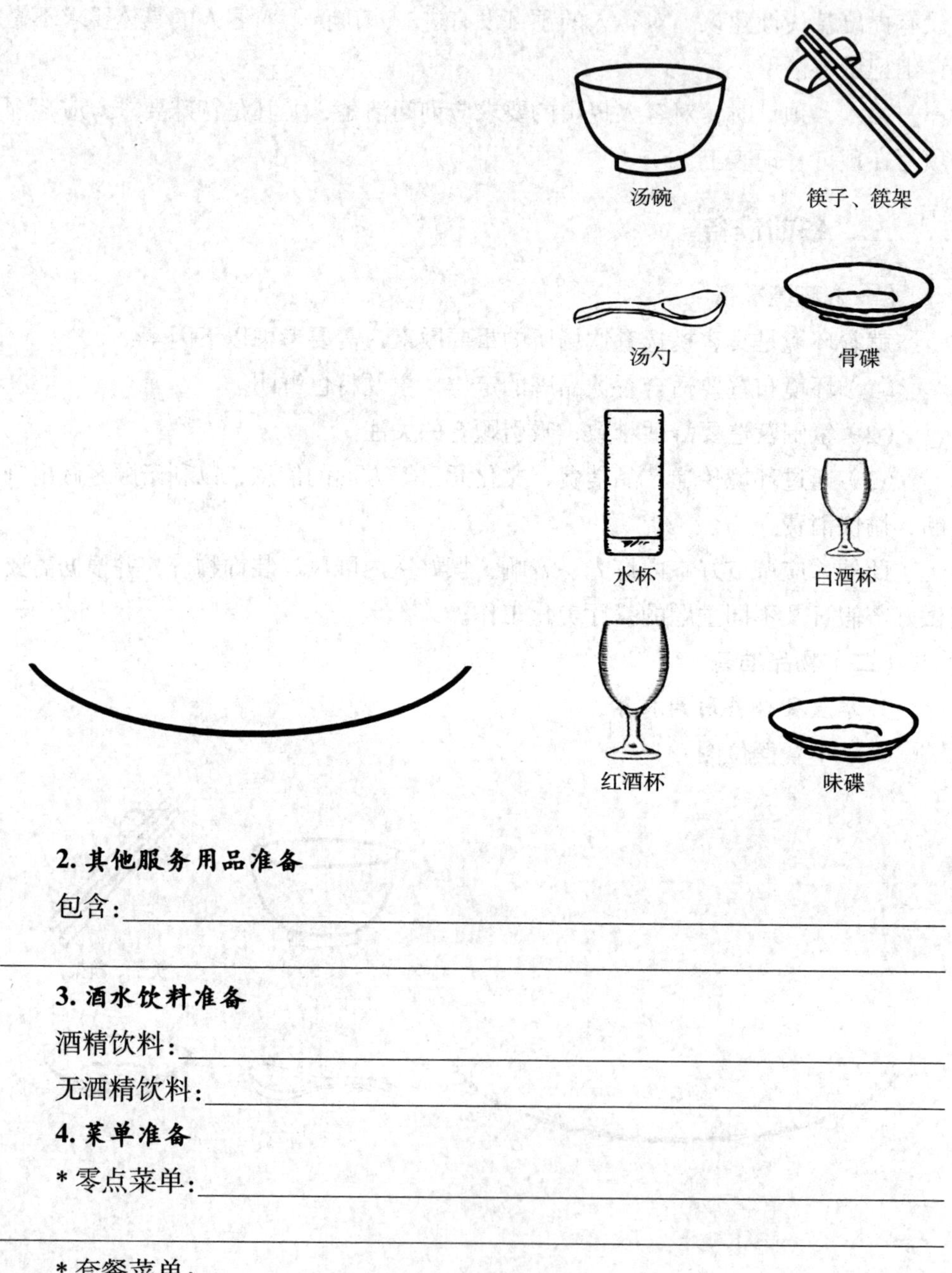

2. 其他服务用品准备

包含：____

3. 酒水饮料准备

酒精饮料：____________________________________

无酒精饮料：__________________________________

4. 菜单准备

* 零点菜单：___________________________________

* 套餐菜单：___________________________________

* 当日菜单：

(三) 形象准备

餐厅服务员优雅、得体的仪容、仪表、仪态体现了服务员良好的精神风貌，也表示了对宾客的尊重。良好的服务形象会产生积极的宣传效果，影响餐饮企业的整体形象，在一定程度上反映了餐饮企业的管理水平和服务水平。

* 男服务员形象要求：

* 女服务员形象要求：

(四) 心理准备

来餐厅用餐的客人，由于年龄、职业、身份、国籍、地区、性别等的不同，用餐目的、标准及要求也各不相同。

(五) 摆台

根据用餐类别，按要求及规范摆好餐具和用具。摆台流程如下：

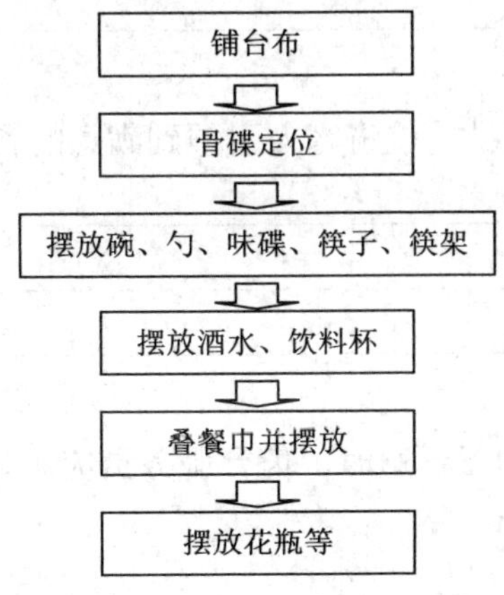

（六）餐前例会

在完成各项准备工作，餐厅即将营业前的30分钟左右，要举行一次餐前会，一般由餐厅经理或领班负责。

1. 餐前例会的内容

请根据本课任务，尝试召开一次餐前例会，涵盖以下几个方面。

* 仪容仪表：____________________

* 工作要点：____________________

* 注意事项：____________________

特别注意介绍已预订客人的要求以及重要客人的接待工作。

____

2. 开好餐前例会的要点

* 时间限制：____________________

* 工作要点：____________________

* 要求标准：____________________

____

三、迎宾服务

（一）热情迎宾

* 客人到达时：____________________

* 重要客人来时：____________________

____

（二）引领入座

* 客人无预订：迎宾员礼貌将客人引领到满意的餐台。

* 客人有预订：____________________

* 引领客人时：____________________

____

（三）拉椅服务

当迎宾员将客人带到餐台边时，值台服务员应主动上前问好，并为客人拉椅让座，注意女士优先。

* 站位：____________________

* 手势：________________

* 细节要求：________________

____

____

（四）递呈菜单

* 菜单外观：________________

* 菜单数量：________________

* 菜单递呈：________________

____

（五）茶水服务

* 问茶服务：________________

* 礼仪要求：________________

* 上茶斟茶：________________

____

（六）其他服务

* 香巾服务：为使客人感觉舒适，夏季使用的香巾________，冬季使用的香巾________。

* 撤加餐具：________________

* 递铺餐巾：________________

* 取下筷套：________________

____

四、席间服务

（一）调整餐用具

* 根据客人数量调整餐用具：________________

____

（二）菜肴/酒水服务

递呈菜单后，等候客人点菜，期间可根据客人需求向客人介绍、推销相应菜肴，接受客人点菜后认真记录并复述确认。酒水服务亦如此。

____

（三）巡台服务

1. 撤换餐用具

2. 撤换烟灰缸

3. 冷热毛巾服务

4. 菜肴换碟服务

5. 其他

五、结束工作

（一）结账、送客

当客人提出结账时，服务员立即为宾客进行结账服务。递呈账单、收现金或卡送收银台，找零或还卡后礼貌致谢。

餐厅通常采用的结账方式主要有现金结账、信用卡结账、支票结账、签单结账和电子支付五种，结账时要注意清点所有酒水、香烟等，还包括点菜单以外的费用并累计总数，防止漏账现象的发生。

* 常见信用卡、借记卡：

* 受理信用卡时的审查事项：

* 电子支付：____

____

客人用餐结账后，起身离开座位，服务员应立即为客人拉椅，并提醒客人带好随身物品，向客人道别并欢迎客人再次光临。

（二）清理餐台

客人离开餐厅后，要迅速检查用品、收拾台面，并重新摆台。这项收尾整理工作有时是在其他客人仍在用餐或是已有客人在等待餐桌的情况下进行，所以文明和速度是该程序的重要标准。

* 收拾台面：____

____

* 重新摆台：____

____

* 环境整理：____

____

* 安全检查：____

____

任务评价

<table>
<tr><th colspan="2" rowspan="2">评价内容</th><th rowspan="2">评价标准</th><th colspan="2">评价</th></tr>
<tr><th>小组互评</th><th>教师评价</th></tr>
<tr><td rowspan="2">餐前服务</td><td>预订服务</td><td>1. 问候客人
2. 了解需求
3. 接受预订
4. 预订通知
5. 预订记录</td><td></td><td></td></tr>
<tr><td>餐前准备</td><td>1. 环境准备
2. 物品准备
3. 形象准备
4. 心理准备
5. 摆台
6. 餐前例会</td><td></td><td></td></tr>
</table>

续表

<table>
<tr><th colspan="2" rowspan="2">评价内容</th><th rowspan="2">评价标准</th><th colspan="2">评价</th></tr>
<tr><th>小组互评</th><th>教师评价</th></tr>
<tr><td rowspan="2">餐中服务</td><td>迎宾服务</td><td>1. 热情迎宾
2. 引领入座
3. 拉椅服务
4. 递呈菜单
5. 茶水服务
6. 香巾、筷套等其他服务</td><td></td><td></td></tr>
<tr><td>席间服务</td><td>1. 调整餐用具
2. 菜肴 / 酒水服务
3. 巡台服务
4. 撤换烟灰缸
5. 突发状况处理</td><td></td><td></td></tr>
<tr><td>餐后服务</td><td>结束工作</td><td>1. 结账服务
2. 礼貌送客
3. 清理餐台</td><td></td><td></td></tr>
<tr><td colspan="5">总　评：　优秀 □　良好 □　基本掌握 □</td></tr>
<tr><td colspan="5">自我评价：</td></tr>
<tr><td colspan="5">教师建议：</td></tr>
</table>

任务挑战

1. 小组成员讨论：餐厅里的桌号牌如何设计及摆放更科学、合理，利于提高工作效率？

2. 实训练习：任选有预订客人的用餐服务中一环节，分小组完成情景设置、角色分配并按规范提供服务等。

【知识链接】

电话预订评价标准

电话预订流程	评价标准
接听电话	电话铃响三声以内接听电话
	问好，自报家门，主动询问客人的要求
	使用热情礼貌的语气与客人交流，表达清晰
记录预订信息	详细询问客人预订的人数、就餐时间、用餐标准及特殊要求，留下联系人姓名、电话
	如果客人需要预先订菜，可为客人推荐菜品
	详细记录客人的各种服务需求
	如遇客人要求的用餐、餐位和服务项目与餐厅供应情况有冲突时，须与客人进行协商，寻求解决办法，使客人满意
	态度和蔼
道别并挂断电话	重复预订内容，询问客人是否还有其他要求
	礼貌与客人道别，等客人挂断电话后方可挂断电话

项目二　团队餐服务
——满足快捷高效的需求

团队用餐是指因某种共同原因由主办人组织在一起的人群，按每人相同的标准同时在餐厅中集体进餐的一种形式。它是中餐服务中很重要的一种服务方式，要求服务人员必须了解其种类、特点并掌握它的服务程序，以便做好服务工作，树立酒店形象。

学习目标

* 理解团队用餐服务的任务和要求；
* 掌握团队客人用餐服务各步骤的操作要求；
* 明确不同团队客人用餐的程序和方法；

* 增强细致周到服务的职业能力；
* 具备有效的协调及沟通能力；
* 提升自我管理的专业素养。

任务1　旅游团队客人用餐服务

团队用餐服务在我国酒店中占有极其重要的地位，这是由目前客源的组成所决定的。在每年接待的旅游客人中，旅行团的比例很大。所以要提高餐饮服务质量，必须重视团队客人的接待。

任务描述

酒店中餐厅预计中午时段有两个30人以上的旅游团队就餐服务任务，临近开餐时间，整个餐厅的服务人员都在做服务准备。

请结合零点餐服务流程，理解把握团队客人的用餐服务流程，与各位同事一起，做好两个旅游团队的用餐服务接待。

任务要求

1. 熟悉旅游团队客人用餐的服务过程。
2. 初步掌握旅游团队客人服务技能及标准。
3. 掌握旅游团队客人用餐服务工作流程，并能按流程灵活提供相应服务。

任务实训

提供旅游团队客人用餐服务

旅游团队客人用餐服务一般应完成预订服务、餐前准备、迎宾服务、席间服务、结束工作流程，具体内容如下。

工作流程	实施步骤	服务用语及要求
一、预订服务	1. 问候客人 电话预订：________ ________ 当面预订： ________ 2. 了解需求 3. 接受预订 4. 预订通知 5. 预订记录	____响之内拿起电话；“您好！这里是____” ________
二、餐前准备	1. 环境准备 温度：18℃ ~26℃ 湿度：40%~65% 新风量：20m³/h · 人 绿化：________ 2. 物品准备 餐用具：________ 服务用具：________ 3. 形象准备 仪表：________ 仪容：________ 4. 心理准备 5. ________ 6. ________	________ 个人餐位图： ________
三、迎宾服务	1. 热情迎宾 2. 引领入座 3. 拉椅服务 4. 茶水、香巾等服务 ________	________
四、席间服务	1. 菜肴 / 酒水服务 2. 巡台服务 3. 客人其他服务需求，如加菜____ ________	________
五、结束工作	1. 结账服务 2. 礼貌送客 3. 清理餐台	________

任务探究

一、团队用餐的特点

第一，团队用餐的计划性比较强，一般都会事先确定标准、人数、用餐时间等。

第二，要充分了解团队客人的组成、饮食习惯、禁忌和各种特殊要求。

第三，根据旅行路线，掌握旅行前几站的用餐情况，合理调整菜单。

第四，团队用餐可以安排在一个独立的餐厅，或者有所分隔地集中在餐厅的里侧一角。

第五，团队用餐的餐桌实现应根据人数布置好，桌上摆上团队名称卡。

二、预订服务

（一）预订方式

任何团队用餐都需要事先预订，预订方式可分为电话预订、信函预订和上门预订三种。

1. 电话预订

适合与餐厅有长期进餐协议的旅行社和其他团队，餐厅对预订人和预订单位较熟悉。对不熟悉的电话预订，要向其讲明最后的留位时间，以减少预订突然取消后对餐厅所造成的经济损失。

2. 信函预订

适合于外地客人，即需要客人通过快件信函或传真等讲明预订的各种基本要求，餐厅可根据对方要求填写订餐协议或合同书，并且反馈给对方，待对方在协议书上签字盖章并预付定金后，此预订才能生效。

3. 上门预订

适合社区内的企业事业单位和其他社会团体进行预订。

（二）预订内容

在接受预订过程中，要认真倾听，了解客人的需求，征求客人意见，根据客人的要求安排相应的餐厅以及其他事项，并告知客人。

团队用餐预订时需确认的内容：

（1）预订人的身份，如单位、姓名、职务、联系电话、单位地址，必要时出示证明身份的有效证件。

（2）团队名称及人数。

（3）进餐时间。要确定具体进餐日期、时间、餐次。

（4）进餐标准。

（5）进餐人员特征，包括人员的国籍、地区、民族、年龄、职业、宗教信仰、风俗习惯、特殊需要，以便安排合适的菜式品种，并根据要求提供针对性的服务。

（6）服务方式。即进餐时选择供餐式、分餐式还是自助餐式等，都应在预订时讲明。

（7）结账方式。

（8）特殊要求，主要指客人是否有饮食禁忌和特别爱好。

三、餐前准备

开餐前服务员要了解自己所负责接待团队的名称、国籍、身份、职业、生活习惯、人数、开餐时间、用餐标准及特殊要求，按标准和人数摆好餐位、桌上用品，打好开水，备好茶叶、佐料等。了解掌握当餐的菜肴名称、风味、特点和上菜顺序。

（一）环境准备

1. 打扫环境卫生

保持餐厅地面干净、整洁，桌面台布清洁挺括，餐桌间的间距在60~120厘米，利于通行。

2. 调节好室温

根据季节调节室内温度，一般夏季温度在22℃~26℃，冬季温度在18~22℃。团队客人多的餐厅应适当调低温度，让客人感觉更舒适。

此外，应调节好室内灯光、音响，摆好室内屏风、装饰物等，并根据需要做好节假日及不同主题的餐厅美化工作。

（二）物品准备

1. 餐用具准备

根据团队预订的人数和标准摆设餐桌餐具，一个团队的客人应安排在大厅的同一个区域，如果需要安排进包厢，也应将客人安排在相邻位置，以便领队照应。

2. 其他服务用品准备

团队餐开餐前，除了准备好服务人员常用的托盘、开瓶器等工具之外，还应准备好配餐的佐料、调味碟等，以便客人提出服务需求时能及时供给。

3. 酒水饮料准备

酒水饮料的备用数量根据餐标而定，提前一个小时以上进行冰镇。同时，还可以准备一些常用酒水饮料供客人添加。

（三）形象准备

餐厅服务员优雅、得体的仪容、仪表、仪态体现了服务员良好的精神风貌，也表示了对宾客的尊重。良好的服务形象会产生积极的宣传效果，影响餐饮企业的整体形象，在一定程度上反映了餐饮企业的管理水平和服务水平。

* 仪容要求：女服务员在上岗时要化淡妆，妆面要求自然；男服务员应剃干净胡须，不留长鬓角，面容清洁不油腻。口气清新无异味，双手清洁不留长指甲。

* 仪表要求：工作装整洁、挺括，无油渍、破损、丢扣，工作牌佩戴规范，鞋子擦拭光亮。

* 仪态要求：服务过程中，遵循工作规范开展对客服务，精神饱满，站立时不随处倚靠墙面、桌椅等，不在客人面前打哈欠、打喷嚏。

（四）心理准备

来餐厅用餐的客人，由于年龄、职业、身份、国籍、地区、性别等的不同，用餐目的、标准及要求也各不相同。

（五）摆台

根据用餐类别，按要求及规范摆好餐具和用具。

（六）餐前例会

在完成各项准备工作，餐厅即将营业前的 30 分钟左右，要举行一次餐前会，一般由餐厅经理或领班负责。

1. 餐前例会的内容

特别注意介绍已预订团队客人的用餐情况，包括菜单、特殊要求等。

2. 开好餐前例会的要点

时间不宜太长，简明扼要地向员工梳理上一次工作存在的问题，交代本次接待服务工作需要注意的事项等。

四、迎宾服务

热情问候客人，对客人的光临表示欢迎并询问客人的团队名称，按照事先安排好的餐位，准确引领客人入座。值台服务员递上香巾，根据宾客需要倒饮料、酒水、茶水等（包餐标准内所含酒水饮料）。

（一）热情迎宾

* 客人到达时：________________

* 重要客人来时：________________

____

（二）引领到入座

* 服务要点：________________

____

（三）拉椅服务

当迎宾员将客人带到餐台时，值台服务员应主动上前问好，并为客人拉椅让座，注意女士优先。

服务要点：________________

____

（四）茶水香巾服务

服务要点：________________

____

五、席间服务

宾客到齐后，征得旅游团陪同的同意，通知传菜部按预订单（已注明人数标准）通知厨房起菜，并将茶杯撤走（宾客要求保留可以不撤），端菜上台时，要向宾客介绍菜肴的名称、特色。

凡接待外宾团队或重要团队应按宴会操作规程为宾客服务：

第一步：________________

第二步：________________

第三步：________________

第四步：________________

（一）上菜服务

客人到齐后，服务人员即可通知厨房出菜。若客人席间不饮酒，则需要将菜、饭、汤一起上桌，或者间隔较短时间上齐所有菜品，避免出现桌上无盘或空盘等现象。

上菜位置：________________

上菜流程：________________

（二）巡台服务

在团队宾客就餐过程中，服务人员要勤巡视台面，及时为客人续斟茶水，对于宾客的特殊要求要尽力、尽快给予满足，还要随时整理餐台，及时收去客人用过的餐巾纸、空酒杯和多余的餐具、空菜盘等，以保持餐桌整洁。

撤换餐用具：________________

菜肴换碟服务：________________

添加酒水饮料：________________

撤换烟灰缸：________________

其他服务：________________

六、结束工作

（一）结账送客

宾客离座时应主动为宾客拉椅让路，并提醒客人携带好随身物品，如发现遗留物品，应立即送还宾客或找领导处理。

（二）清理餐台

宾客离开时，应马上清理台面，按标准摆好下一餐的餐位，搞好餐厅卫生，做好下一餐的接待准备工作。

* 收拾台面：________________

____

* 重新摆台：________________

____

* 环境整理：________________

____

*安全检查：____

____

任务评价

<table>
<tr><th colspan="2" rowspan="2">评价内容</th><th rowspan="2">评价标准</th><th colspan="2">评价</th></tr>
<tr><th>小组互评</th><th>教师评价</th></tr>
<tr><td rowspan="2">餐前服务</td><td>预订服务</td><td>1. 问候客人
2. 了解需求
3. 接受预订
4. 预订通知
5. 预订记录</td><td></td><td></td></tr>
<tr><td>餐前准备</td><td>1. 环境准备
2. 物品准备
3. 形象准备
4. 心理准备
5. 摆台
6. 餐前例会</td><td></td><td></td></tr>
<tr><td rowspan="2">餐中服务</td><td>迎宾服务</td><td>1. 热情迎宾
2. 引领入座
3. 拉椅服务
4. 递呈菜单
5. 茶水服务
6. 香巾、筷套等其他服务</td><td></td><td></td></tr>
<tr><td>席间服务</td><td>1. 调整餐用具
2. 菜肴 / 酒水服务
3. 巡台服务
4. 撤换烟灰缸
5. 突发状况处理</td><td></td><td></td></tr>
<tr><td>餐后服务</td><td>结束工作</td><td>1. 结账服务
2. 礼貌送客
3. 清理餐台</td><td></td><td></td></tr>
<tr><td colspan="5">总　评：　　优秀 □　　良好 □　　基本掌握 □</td></tr>
<tr><td colspan="5">自我评价：</td></tr>
<tr><td colspan="5">教师建议：</td></tr>
</table>

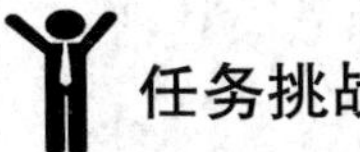

任务挑战

以小组为单位，自拟一个背景，分小组完成旅游团队客人预订、餐前准备、迎宾服务、席间服务、结束工作等。

要求：主题突出，布置设计围绕主题展开，流程完整并富有创意。

任务2　会议团队客人用餐服务

会议团队用餐服务是酒店提供会议服务很重要的一个环节。会议服务因其种类繁多、风格各异而有其独特的服务方式。在会议服务中，需要各部门的通力合作，需要服务员细心周到、把握恰当的服务时机，提供优质的服务。

任务描述

商品贸易洽谈会正在酒店会议室里举行，会务组在酒店大宴会厅订了晚宴。

会议团队作为团队客人中的典型代表类型，对用餐服务有其特有的要求。酒店各部门正在紧张忙碌地进行场地布置及准备。请根据旅游团队客人用餐服务流程，理解把握会议团队客人的特点，与各位同事一起，为其提供优质的用餐服务。

任务要求

1. 熟悉会议团队客人用餐的服务过程。
2. 初步掌握会议团队客人服务技能及标准。
3. 掌握会议团队客人用餐服务工作流程，并能按流程灵活提供相应服务。

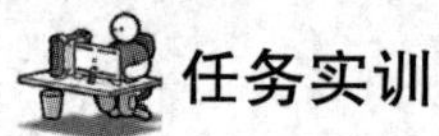

任务实训

提供会议团队客人用餐服务

向会议团队客人提供用餐服务，包括预订服务、餐前准备、迎宾服务、席间服务、结束工作流程，具体内容如下。

工作流程	实施步骤	服务用语及要求
一、预订服务	1. 问候客人 2. 了解需求 3. 预订沟通及营销 4. 预订通知 5. 预订记录	
二、餐前准备	1. 与各部门协调，涉及部门或岗位：______ 2. 各项准备事项：______	
三、迎宾服务	1. 热情迎宾 2. 引领入座 3. 拉椅服务 4. 茶水、香巾服务	
四、席间服务	1. 菜肴 / 酒水服务 2. 巡台服务 3. 撤换烟灰缸 4. 其他服务：______	
五、结束工作	1. 结账服务 2. 礼貌送客 3.______	

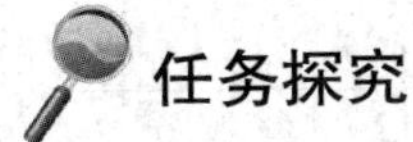

任务探究

一、会议团队客人的特点

（1）就餐人数多且固定，就餐标准、菜式统一。

（2）就餐时间相对集中，到了开餐时间，客人会集中到餐厅就餐。

（3）人数多、就餐口味差异大，对菜肴品质要求相对较高。

（4）对服务水平要求较高，也较为严格，希望得到优质服务。

（5）需要一个安静舒适、不被打扰的环境。

（6）会议客人可能在就餐过程中就对酒店整体服务做出了评价，直接影响消费行为的再次发生。

（7）会议客人结账方式与一般顾客有所不同。

二、预订服务

（一）预订方式

任何团队用餐都需要事先预订，其预订方式可分为电话预订、信函预订和上门预订三种。

1. 电话预订

____

____

2. 信函预订

____

____

3. 上门预订

____

____

（二）预订内容

在接受预订过程中，要认真倾听，了解客人的需求，征求客人意见，根据客人的要求安排相应的餐厅以及其他事项，并告知客人。

团队用餐预订时需确认的内容：

（1）________________________________

（2）________________________________

（3）________________________________

（4）________________________________

（5）________________________________

（6）________________________________

（7）________________________________

（8）________________________________

三、餐前准备

（一）各部门协调工作

1. 与销售部协调

* 与销售部经理确认用餐形式后应及时通知餐厅，如大型会议用餐及特殊性会议用餐在确认形式后制图发至餐厅。

* 餐饮部员工根据销售经理所定标准开具菜单并与客人确认，必须提前一天通知厨房，以便充分备货。

* 在用餐过程中如需销售经理协调应能及时与其联系。

2. 与工程部协调

* 根据订单所需与工程部沟通相关内容，会议当日应再次跟踪通知。

* 在用餐过程中应根据客人实际要求，及时告知工程部。

3. 与房务部（绿化）协调

* 根据订单要求，提前通知房务部，以便准备相应规格的鲜花。

* 根据场地实况通知绿化部做四周绿化布置。

4. 与人事部协调

* 配合人事培训部安排好迎宾人员。

* 在人员不足情况下，提前告知人事部由餐饮部办事员做好协调工作。

5. 与清扫班协调

* 在背景板做好、绿色植物到位后，如有不洁，应及时通知清扫班以便做好清场工作。

* 餐后，清扫班应及时清扫用餐场地。

（二）各种准备

1. 物品准备

____

____

2. 形象准备

____

____

3. 心理准备

____

____

4. 摆台

____

____

5. 餐前例会

____

____

____

四、席间服务

（一）会务餐服务

* 根据订单要求，客人如需酒水，待确认后再上桌，并准备相应的酒杯，如不需饮料，餐前在后台准备好茶杯、茶叶，预先倒入少量开水泡开茶叶，待客人入座后及时送上。

* 餐前由餐饮部人员或餐厅经理与会议负责人确认用餐时间及用餐速度。

* 确认上菜方式：一种为普通用餐的上菜方式，另一种为与会议联系人提前确定时间上部分菜或全部菜，待客人入座后上主食与水果，这种方式适合大型会议用餐及下午仍有会议的客人用餐。

____

____

（二）会议宴请服务

* 餐前做好准备工作，确认用餐时间。

* 安排好迎宾员以便引领客人。

* 提供规范的宴请服务。

（三）会议和宴请共同使用餐厅的服务（特殊情况）

* 餐厅经理预先安排好工作人员，并在现场督导，以便做好协调工作。

* 客人就座翻台，服务人员在规定时间内先上冷菜、烟、酒水等，后撤杯子。

* 客人离开餐厅后，服务人员按规定形式快速翻台，限时内完成餐前所必需的准备工作，迎候客人。

* 提供规范的宴请服务。

五、结束工作

（一）结账送客

宾客离座时应主动为宾客拉椅让路，并提醒客人携带好随身物品，如有发现遗留物品，应立即送还宾客或请领导处理。

（二）清理餐台

宾客离开时，应马上清理台面，按标准摆好下一餐的餐位，搞好餐厅卫生，做好下一餐的接待准备工作。

（三）上级现场督导

（四）经理全面检查

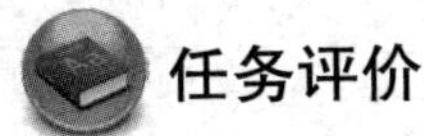

任务评价

<table>
<tr><th colspan="2" rowspan="2">评价内容</th><th rowspan="2">评价标准</th><th colspan="2">评价</th></tr>
<tr><th>小组互评</th><th>教师评价</th></tr>
<tr><td rowspan="2">餐前服务</td><td>预订服务</td><td>1. 问候客人
2. 了解需求
3. 接受预订
4. 预订通知
5. 预订记录</td><td></td><td></td></tr>
<tr><td>餐前准备</td><td>1. 环境准备
2. 物品准备
3. 形象准备
4. 心理准备
5. 摆台
6. 餐前例会</td><td></td><td></td></tr>
<tr><td rowspan="2">餐中服务</td><td>迎宾服务</td><td>1. 热情迎宾
2. 引领入座
3. 拉椅服务
4. 递呈菜单
5. 茶水服务
6. 香巾、筷套等其他服务</td><td></td><td></td></tr>
<tr><td>席间服务</td><td>1. 调整餐用具
2. 菜肴 / 酒水服务
3. 巡台服务
4. 撤换烟灰缸
5. 突发状况处理</td><td></td><td></td></tr>
<tr><td>餐后服务</td><td>结束工作</td><td>1. 结账服务
2. 礼貌送客
3. 清理餐台</td><td></td><td></td></tr>
<tr><td colspan="5">总　评：　　优秀 □　　良好 □　　基本掌握 □</td></tr>
<tr><td colspan="5">自我评价：</td></tr>
<tr><td colspan="5">教师建议：</td></tr>
</table>

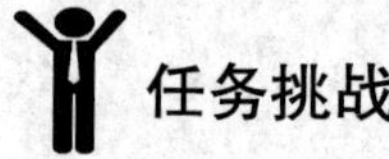

任务挑战

以小组为单位，自拟一个背景，分小组完成会议团队客人的用餐服务接待。

要求：主题突出，布置设计围绕主题展开，流程完整并富有创意。

项目三　宴会服务
——满足高品质用餐的需求

宴会是因习俗或社交礼仪需要而举行的宴饮聚会，是社交活动与饮食结合的一种形式。人们通过组织和参加宴会活动，不但可以增进友谊，还能享受到餐饮美食，以及感受到美食文化的内涵。现代社会，宴会是一种正式的聚餐宴饮形式，是人们为了一定的社交目的而采取的一种正式的、隆重的、讲究礼仪形式的餐饮活动。因此，宴会服务是餐饮服务中一项要求较高的服务。

学习目标

* 理解各种类型的宴会服务；
* 熟悉宴会服务的基本流程；
* 掌握宴会服务的标准及要求；

* 增强细致周到服务的职业能力；
* 具备有效的协调及沟通能力；
* 提升自我管理的专业素养。

任务1　婚庆宴会服务

婚庆宴会是星级酒店常见宴会类型之一。婚宴是婚礼的组成部分，是人们在举行婚礼时为宴请前来祝贺的亲朋好友和祝愿新人美满幸福而举行的宴会。不同地区和民族的客人对婚宴的要求也有所不同。布置婚宴时要突出喜庆吉祥的气氛，考虑地区和民族的风俗习惯。宴会服务要规范到位，增进宴会喜庆气氛，以此来表达对新人的美好祝福。

任务描述

酒店宴会厅接到一份何先生和赵小姐的婚宴预订单，两人预订于9月举办一场中式婚宴，宴请的亲朋好友与同事约有100人。要求按照当地习俗举办，突出婚礼的喜庆、热闹和浪漫。

请根据宴会预订单，与宴会厅的同事一起为客人提供优质的婚庆宴会服务。

任务要求

1. 熟悉婚宴服务方案，并能正确理解各项要求。
2. 初步掌握中餐宴会各项技能服务标准。
3. 掌握婚宴服务工作流程并能按流程提供相应服务。
4. 在婚宴服务过程中，能够灵活进行宴会服务。

任务实训

提供婚庆宴会服务

婚宴服务一般应完成初识婚宴服务方案、婚宴摆台工作、婚宴迎宾服务、婚宴上菜服务、婚宴席间服务、婚宴结束工作六个流程，具体内容如下。

工作流程	实施步骤	内容及要求
一、初识婚宴服务方案	1. 宴会分析及布置 * 宴会厅 * 餐台 2. 熟悉菜单酒水 3. 人员分工 4. 明确服务要求	
二、婚宴摆台工作	1. 铺设台布 2. 骨碟定位 3. 摆放味碟、汤碗、汤勺、筷架 4. 摆放筷子、牙签、公用品 5. 摆放酒杯、水杯 6. 摆放餐巾花 7. 摆放菜单、台号等用具 8. 摆椅 9. 检查台面	
三、婚宴迎宾服务	1. 迎宾引领 2. 拉椅让座 3. 递巾端茶	

续表

工作流程	实施步骤	内容及要求
四、婚宴上菜服务	1. 核对菜肴 2. 规范上菜 3. 摆放菜肴 4. 展示菜肴	
五、婚宴席间服务	1. 酒水服务 2. 毛巾服务 3. 菜肴服务 4. 撤换烟缸 5. 巡台服务	
六、婚宴结束工作	1. 宴会结账 2. 送客服务 3. 整理工作	

任务探究

宴会厅作为酒店餐饮部的重要部门之一，是受宾客委托，组织各种类型的宴会、酒会、会议、婚礼、展示等活动的场所，并根据客人的要求制订菜单、布置环境，为宾客提供完整的宴会服务。

一、初识婚宴服务方案

（一）认识宴会

宴会是人们在饮食生活中常见的社会活动形式，人们通过组织和参加宴会活动，不仅能够繁荣地区经济，促进社会交流，还能够弘扬饮食文化，塑造酒店的形象。

1. 宴会的含义

宴会是在普通用餐基础上发展而成的一种高级用餐形式，是指宾主之间为了表示欢迎、祝贺、答谢、喜庆等目的而举行的一种隆重、正式的餐饮活动。

2. 宴会的特征

现代宴会是一种正式的聚餐宴饮形式，是人们为了一定的社交目的而采取的一种正式的、隆重的、讲究礼仪形式的餐饮活动。宴会具有以下四个重要的特征。

（1）聚餐式。意即宾客围桌而坐，聚集在一起用餐，象征着团圆和美，是宴会的一种形式。

（2）社交化。各类宴会的举办均有其目的和主题，或纪念、或欢庆、或公关、或联谊，等等。宴会作为人们增进了解和情谊的载体，有时候还能解决一些其他场合不容易或不便于解决的问题，发挥着不可替代的社交作用。

（3）规格化。宴会对进餐环境、就餐礼仪、菜品质量、服务流程均有较高的要求。进餐的环境讲究优美雅致，就餐礼仪规格要高，菜品制作要精美、应时令，同时要营养均衡，盛器、食具等要精美、典雅，服务程序要井然等，显示出宴会的规格化。

（4）礼仪性。宴会礼仪是相对于日常便餐而言的，讲究礼制规格，民间亦有“无礼不成席”的说法。通常包括对赴宴者的着装、出席时间等有具体要求的饮宴礼仪，以及为款待宾客而设计的周到细致的服务礼仪。

3. 按宴会菜肴样式分类

（1）中式宴会。中式宴会是指菜点饮品以中式菜品和中国酒水为主，使用中式餐具，并按中式服务程序和礼仪服务的宴会。这种宴会反映了中华民族的传统文化气息，其就餐环境与气氛也突出浓郁的民族特色，是我国目前最常见的宴会类型，具有以下几个特点。

① 宴会菜点以传统菜系菜肴为主。

② 餐具用具、就餐环境、台面设计、就餐气氛等反映中华民族饮食文化气息。

③ 服务程序和服务礼仪都符合我国宴会习俗和规范要求。

④ 宴会适应面广泛。

（2）西式宴会。西式宴会是指菜点饮品以西餐菜品和外国酒水为主，使用西式餐具，并按西式服务程序和礼仪服务的宴会，其基本特征有以下几个方面。

① 宴会菜式以欧美菜式为主，饮品以外国酒水为主。

② 宴会的餐具用具、就餐环境、台面设计、就餐气氛等突出外国风格，餐桌多为长方形桌。

③ 服务程序和服务礼仪都严格遵循西餐服务规范要求。

④ 根据菜式和服务方式不同，可分为法式、俄式、英式、美式宴会等。

（3）中西结合宴会。中西结合宴会是中式宴会与西式宴会两种形式结合的宴会，取中式、西式两种宴会之长，近两年颇为流行，是中西饮食文化交流的产物，有冷餐会、鸡尾酒会、自助餐会等，不受传统宴会的约束，现在常常采用中西合璧的形式来招待客人，这种宴会具有以下特征。

① 宴会菜肴有中餐也有西餐，还有中西混合的菜肴，以中式酒水为主，也有欧美流行酒水。

② 宴会布置上中西结合、突出主题。

③ 用餐形式上，客人可以用筷子，也可以用刀叉，可以站立饮食，自主选择食物。

④ 服务方式上中西两种方式结合，相互交叉，融为一体。

⑤ 宴会形式多样。

（二）婚宴

1. 认识婚宴

婚宴通常是婚礼的组成部分，是人们在举行婚礼时为宴请前来祝贺的亲朋好友和祝愿新人美满幸福而举行的宴会。

* 设计婚宴的考虑因素：

____

____

* 中式婚宴的氛围与用色：

____

____

* 中式婚宴环境的布置：

____

____

2. 婚宴菜单

婚宴菜单设计是婚宴的重要组成部分，一般来说设计婚宴菜单要遵循一定的原则。

（1）菜肴的道数。婚宴菜肴数目为双数，通常以八个菜象征发财，以十个菜象征十全十美，以十二个菜象征月月幸福。

（2）菜肴的命名。婚宴菜肴应尽量选用吉祥用语以寄托对新人美好的祝愿，从心理上愉悦宾客，烘托气氛。吉祥的名称能够取得烘托气氛、愉悦宾客、祝福新人的效果。

〖例〗

◎ 红枣花生桂圆莲子汤——“早生贵子”

◎ ____________________

◎ ____________________

（3）菜肴的设计应遵照因人配菜的原则，设计前应了解宾客的民族、宗教、职业、嗜好、忌讳等内容。

（4）菜品的选择。

①婚宴菜品原料的选择一定要根据习俗，注意禁忌。

②婚宴的菜式一般不受菜系流派的限制，原料不要求十分名贵，但要分量稍多，口感适合，尽量与酒水相配。

③中式婚宴菜品的色调及必需原料：红色调为主——喜庆的感觉；鸡——吉祥喜庆；鱼——年年有余，而且一般作为压轴的荤菜来上席。大枣、花生、桂圆、莲子——取其谐音，祝福新人早生贵子。

（三）婚宴通知单

酒店宴会厅通常根据婚宴通知单进行宴会布置和服务，重要婚宴或大型婚宴要制订详细的宴会服务方案，按照方案进行婚宴的各项服务工作。

婚宴通知单

发单日期：　　年　月　日

<table>
<tr><td rowspan="2">新人姓名</td><td colspan="2">先生</td><td>联系方式</td><td colspan="2"></td></tr>
<tr><td colspan="2">女士</td><td>联系方式</td><td colspan="2"></td></tr>
<tr><td>婚宴日期</td><td></td><td>时间</td><td></td><td>地点</td><td></td></tr>
<tr><td>菜金标准</td><td>元 / 桌</td><td>预计桌数</td><td></td><td>保证桌数</td><td></td></tr>
<tr><td colspan="4">前厅部</td><td colspan="2">厨房部</td></tr>
</table>

续表

<table>
<tr><td colspan="3"></td><td rowspan="9">1. 菜单

2. 特殊要求</td></tr>
<tr><td colspan="3">财务部</td></tr>
<tr><td colspan="3"></td></tr>
<tr><td colspan="3">工程部</td></tr>
<tr><td colspan="3"></td></tr>
<tr><td colspan="3">美工</td></tr>
<tr><td colspan="3"></td></tr>
<tr><td colspan="3">保安部</td></tr>
<tr><td colspan="3"></td></tr>
<tr><td>婚宴接待员</td><td></td><td>联系方式</td><td></td></tr>
</table>

审批人：

二、婚宴摆台工作

按照婚宴服务方案的具体要求，宴会厅开始婚宴前各项准备工作，这关系到宴会成功与否。充分的准备工作，才能保证婚宴有条不紊地进行。婚宴前的组织准备工作包括熟悉婚宴通知单与服务方案，确定人员分工、物品准备、婚宴布置与摆台、宴前检查等内容，婚宴摆台是婚宴准备的重要内容，也是婚宴服务人员必备的专业基本功。

（一）婚宴布置

* 布置依据：____

____

* 色调：____

____

* 装饰物：____

____

* 其他：____

____

（二）婚宴物品准备

* 依据菜单服务要求，准备：

* 依据菜肴特色，准备：

* 依据婚宴通知要求，准备：

* 其他：

（三）婚宴摆台

1. 托盘服务

* 托盘种类：

* 托盘操作程序：

* 注意事项：

2. 餐巾折花

* 摆放方式：

* 注意事项：

3. 铺台布

* 台布种类：

* 铺设方式：

* 操作步骤：

4. 摆台

* 摆台标准：________________

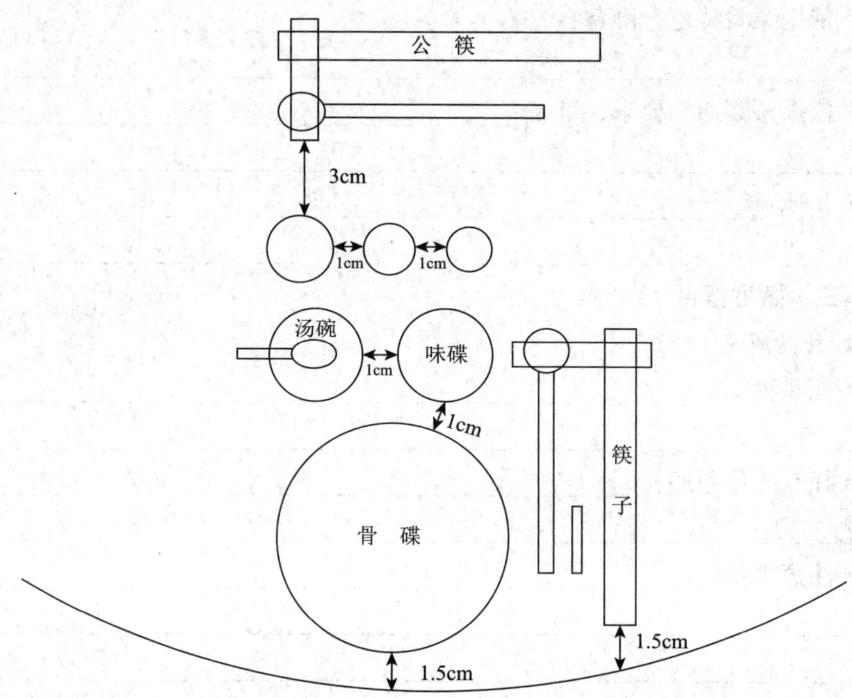

* 摆台用具：________________

* 摆台顺序：________________

* 摆台要求：________________

三、婚宴迎宾服务

迎宾服务是酒店宴会服务的重要内容之一，直接影响着客人对酒店的第一印象。婚宴迎宾服务主要是协助新郎、新娘将客人迎进宴会厅，使宾客感受到酒店的热情和规范服务。

（一）迎宾引领

作为宴会迎宾员，要在客人未到之前做好个人仪容仪表的准备工作，清洁迎宾区域的卫生，熟悉宴会预订情况，了解客源情况，为迎宾工作打好基础和铺垫。

* 引领要求：____

____

* 引领站位：____

____

* 引领手势：____

____

* 注意事项：____

____

（二）拉椅让座

按照事先安排好的座次引领客人到相应位置上去，并拉椅让座，以防因座次混乱影响宴会规格礼仪。

* 操作方式：____

____

* 操作顺序：____

____

* 注意事项：____

____

（三）递巾端茶

客人在宴会迎宾员与服务员的引导下入座后，值台服务员应为客人铺放餐巾，并按先宾后主、先女宾后男宾的次序为客人递送香巾和热茶，以示热情和周到。

* 婚宴常用茶叶：____________________________________

* 婚宴茶水服务要求：________________________________

____

四、婚宴上菜服务

上菜服务是宴会服务员将菜肴按照一定的规格和程序托送上桌的一种服务

方式，包括上菜的顺序、标准和技能，摆放菜肴的方法等，要控制速度、注意细节，灵活服务。不同类型宴会的上菜服务基本相同。

（一）上菜原则和顺序

* 上菜的原则：________________

* 上菜的顺序：________________

（二）上菜位置与方法

1. 上菜的位置

* 婚宴主桌：________________

* 嘉宾桌：________________

2. 上菜的方法

* 使用的工具：________________

* 上菜服务流程：________________

* 其他的注意事项：________________

（三）摆放菜肴

* 基本要求：讲究造型、注意礼貌、尊重主宾、方便食用。

* 冷菜摆放：________________

____

* 热菜摆放：________________

____

（四）上菜服务流程与标准

* 服务流程：核对菜肴、规范上菜、摆放菜肴、展示菜肴。

* 标准要求：方法正确、动作规范、语言适度、安全卫生。

____

____

五、婚宴席间服务

（一）婚宴席间服务的要求

* 目的：为了丰盛宴席，提高宴席的档次，保持餐桌整洁，增加餐台的实用美观。

* 内容及要求：________________

____

（二）婚宴酒水服务

* 常见及常备酒水种类：____

____

* 服务方式与要求：____

____

（三）席间毛巾服务

宴会客人进餐期间，服务员通常向客人提供四次小毛巾服务，以提高服务质量。

* 服务时机：____

____

* 服务方法：____

____

* 服务顺序及要求：____

____

（四）婚宴常见问题的处理

* 宾客要求增加座位或移动座位：____

____

* 宾客在进餐中要求退菜或换菜：____

____

* 宾客进餐中损坏了餐用具：____

____

* 宾客就餐中不慎碰翻酒菜：____

____

* 宾客用餐时餐具掉在地上：____

____

六、婚宴结束工作

婚宴结束时，新人立于门口和客人握手告别并致谢，等客人全部离去，新人和双方父母才离开。宴会厅服务人员要协助新人礼送宾客。

（一）宴会结账

* 操作要求：______

* 结账方式：______

* 注意事项：______

（二）送客服务

送客是礼貌服务的具体体现，是宴会厅对宾客的尊重、关心、欢迎和爱护。

* 征询意见：______

* 打包食品：______

* 拉椅送客：______

（三）整理工作

宴会厅整理工作包括检查宴会厅、整理餐台、清理宴会厅。

______

（四）婚宴结束工作注意事项

（1）婚宴结束前的服务，撤除餐具时必须征得客人同意才可撤除，不能因为客人婚宴用餐结束较迟，脸上就流露出不耐烦的神色，怠慢客人。

（2）客人自带酒水必须当面点清，婚宴结束后，当值服务经理协助客人点清剩余酒水，帮助客人做好搬运工作。

（3）婚宴剩余桌数的处理以婚宴通知单为准。

（4）婚宴提供打包服务，需事先询问客人，一般情况等客人离席时开始为其打包。

（5）在提供打包服务时，按收台标准拉椅，收台面上的餐巾、小毛巾，及时清点，将小餐具先收走。

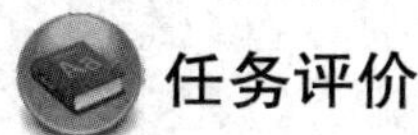

任务评价

<table>
<tr><th colspan="2" rowspan="2">评价内容</th><th rowspan="2">评价标准</th><th colspan="2">评价</th></tr>
<tr><th>小组互评</th><th>教师评价</th></tr>
<tr><td colspan="2" rowspan="2">婚宴服务</td><td>1. 在 20 分钟内完成中餐宴会摆台，做到动作准确、程序规范</td><td></td><td></td></tr>
<tr><td>2. 正确、规范地完成婚宴各项服务工作</td><td></td><td></td></tr>
<tr><td rowspan="2">宴会前准备</td><td rowspan="2">婚宴摆台服务</td><td>1. 宴会用品准备齐全，摆放协调，洁净、卫生、无破损</td><td></td><td></td></tr>
<tr><td>2. 摆台达到操作卫生、规范标准</td><td></td><td></td></tr>
<tr><td rowspan="8">宴会中服务</td><td rowspan="2">婚宴迎宾服务</td><td>1 . 准确规范地使用礼貌用语，热情、规范地微笑迎宾</td><td></td><td></td></tr>
<tr><td>2 . 为宾客提供规范的拉椅让座、茶水服务</td><td></td><td></td></tr>
<tr><td rowspan="3">婚宴上菜服务</td><td>1. 上菜流程和标准正确</td><td></td><td></td></tr>
<tr><td>2. 正确选择上菜位置，上菜动作规范、准确，准确报菜名，简单介绍特点</td><td></td><td></td></tr>
<tr><td>3. 规范摆放，操作安全</td><td></td><td></td></tr>
<tr><td rowspan="3">婚宴席间服务</td><td>1. 准确选择斟酒位置，采用标准姿势和顺序为客人斟酒；斟酒量恰当，操作安全</td><td></td><td></td></tr>
<tr><td>2. 按规范正确、及时地撤换餐酒具、整理餐台、提供毛巾服务</td><td></td><td></td></tr>
<tr><td>3. 正确及时地处理宴会常见问题</td><td></td><td></td></tr>
<tr><td rowspan="2">宴会后服务</td><td rowspan="2">婚宴结束工作</td><td>1. 礼貌送客</td><td></td><td></td></tr>
<tr><td>2. 按要求收拾餐台</td><td></td><td></td></tr>
<tr><td colspan="2">总　评：</td><td>优秀 □　　　　　　良好 □</td><td colspan="2">基本掌握 □</td></tr>
<tr><td colspan="5">自我评价：</td></tr>
<tr><td colspan="5">教师建议：</td></tr>
</table>

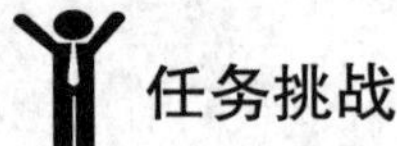

任务挑战

以小组为单位，自拟一个背景，分小组完成婚宴宴会方案分析、宴会摆台服务、迎宾服务、菜肴服务、席间服务、结束工作等。

要求：主题突出，布置设计围绕主题展开，流程完整并富有创意。

任务2　庆典宴会服务

庆典宴会是星级酒店常见宴会类型之一。庆典宴会是指单位为庆贺各种典礼活动而举办的各种宴会，也包括为纪念某人、某事、某物而举办的宴会。这类宴会一般具有规模大、人员广和气氛热烈、隆重的特点。宴会布置要突出主题，符合主办单位的要求，宴会要在规范服务的基础上，进一步提高宴会服务的规格。

任务描述

某国际通信公司拟于10月举办30周年庆典宴会，将有来自包括中国在内的亚洲各国代表约80人到会祝贺。主办方要求宴会隆重、热烈、喜庆，达到宴请来宾、共同庆祝的目的。围绕周年庆典宴会主题，宴会厅制订了详细的宴会接待方案，经理对宴会厅布置、接待规格、服务要求及人员分工等进行了细致的安排，提示一定要按照宴会服务方案的要求进行宴会接待服务。

在理解掌握婚庆宴会服务的基础上，请根据庆典宴会预订单，与同事共同为客人提供优质的庆典宴会服务。

任务要求

1. 熟悉庆典服务方案，并能正确理解各项要求。
2. 初步掌握中餐宴会各项技能服务标准。
3. 掌握庆典宴会服务工作流程并能按流程提供相应服务。
4. 在庆典宴会服务过程中能够灵活进行宴会服务。

任务实训

提供庆典宴会服务

庆典宴会服务一般应完成明确庆典宴会服务方案、庆典宴会布置、庆典宴会餐前服务、庆典宴会特殊菜肴服务、庆典宴会席间服务、庆典宴会结束工作六个流程，具体内容如下。

工作流程	实施步骤	内容及要求
一、明确庆典宴会服务方案	1. 宴会分析及布置 * ____________ ____________ * ____________ ____________ 2. 熟悉菜单酒水 3. 人员分工 4. ____________	
二、庆典宴会布置	1. 宴会厅布置 2. 宴会台形布置 3. 准备工作台 4. 餐巾折花与摆台 5. 全面检查	
三、庆典宴会餐前服务	1. 迎宾引领 2. 衣帽服务 3. 餐巾服务 4. 毛巾服务 5. 加减餐位服务	

续表

工作流程	实施步骤	内容及要求
四、庆典宴会特殊菜肴服务	1. 大盘造型菜肴 2. 炖类菜肴 3. 汤羹类菜肴 4. 锅仔、煲仔类菜肴 5. 火候类菜肴	
五、庆典宴会席间服务	1. 托让酒水饮料 2. 敬酒服务 3. 撤换餐碟 4. 上水果前清理餐台	
六、庆典宴会结束工作	1. 递送衣帽 2. 清理宴会厅	

任务探究

庆典宴会规模较大，气氛热烈，人们在共襄盛举的同时，分享着成功的喜悦，表达由衷的祝福与感谢。庆典宴会形式多样，既可在宽阔的宴会厅内举行，也可以在室外进行。

一、明确庆典宴会服务方案

（一）按宴会价格与规模分类

1. 按宴会价格等级分类

（1）普通宴会。普通宴会是用猪、牛、羊、鸡、鹅、禽蛋、水产品等一般原材料制作的菜肴组成的宴会。

* 特点：____

____

（2）中档宴会。价格介于普通与高档宴会中间，烹调使用的原料小部分是山珍海味或中档原料，大部分为鸡、鸭、鱼、肉、蔬菜等，菜肴制作讲究。

* 特点：____

____

（3）高档宴会。一般价格较高，烹调使用的原料多为山珍海味或高档、稀有的原料。

* 标准要求：____

____

2. 按宴会规模大小分类

（1）小型宴会。

* 桌数：一般 1~10 桌 ____

____

* 标准要求：____

____

（2）中型宴会。

* 桌数：11~20 桌不等 ____

____

* 标准要求：____

____

（3）大型宴会。

* 桌数：21 桌以上 ____

____

* 标准要求：____

____

（二）庆典宴会

庆典宴会是指单位为庆贺各种典礼活动而举办的各种宴会，也包括为纪念某人、某事、某物而举办的宴会。例如，开业庆典、毕业庆典、开工庆典、复工庆典、庆功宴会、科研成果等庆典宴会，以及公司成立周年、企业年终总结、节日庆典等宴会。

1. 庆典宴会的特点

（1）宴会要以庆祝为中心，突出庆贺的主题。

（2）事先要做充分准备，服务程序要简洁。

（3）一般开宴前进行简短的致贺词，在开宴过程中人们要互相举杯庆贺。

（4）宴会一般具有规模大、热烈、隆重的特点，体现出红火、热闹、欢愉、喜悦的气氛。

2. 庆典的形式

庆典宴会的形式多种多样，有中餐宴会、西餐宴会、自助宴会、鸡尾酒会等。

（三）明确宴会服务方案

* 明确基本信息：____________________

____

* 分析宴会特点：____________________

____

二、庆典宴会布置

作为宴会迎宾员，应在客人未到之前，做好个人仪容仪表的准备工作，清洁迎宾区域的卫生，熟悉宴会预订情况，了解客源情况，为迎宾工作打好基础。

* 环境布置：舞台、条幅、灯光、色调、设备等。

要求：____________________

____

* 场地布置：台形、主桌、工作台、签到台、指示牌等。

要求：____________________

____

（一）餐台设计与布置

* 布置原则：中心第一、先右后左、高近低远。

* 布置要求：____________________

小型宴会台形布置：____________________

____

中型宴会台形布置：____________________

____

大型宴会台形布置：____________________

____

工作台设置：________________________________

____

＊座次安排：

单桌宴会宾主位次安排：

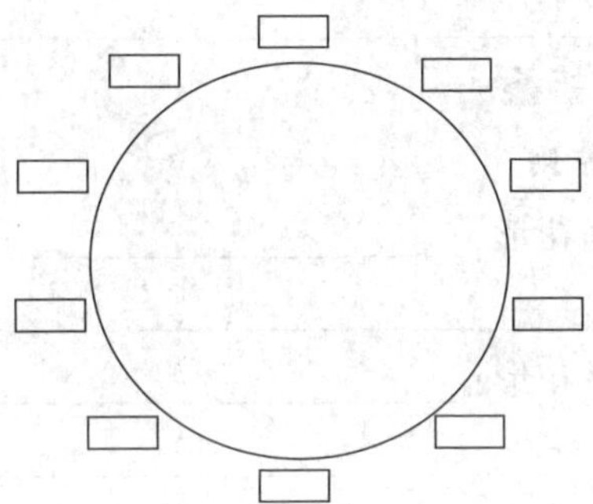

多桌宴会宾主位次安排：有主桌、次桌之分，请根据任务绘制桌次安排图。

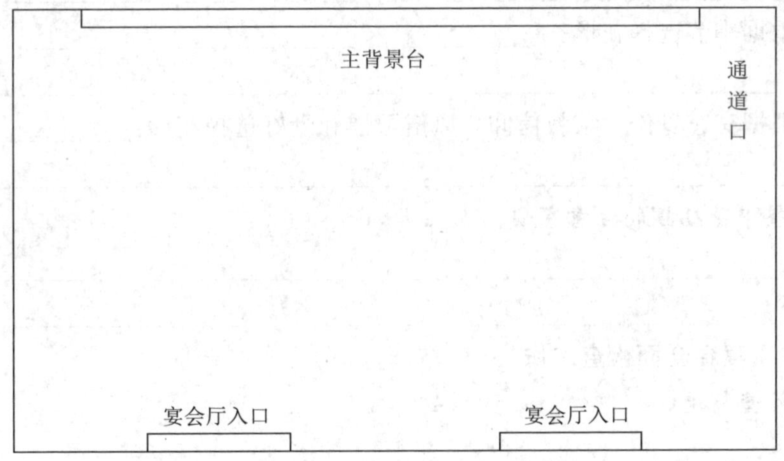

（二）明确菜单酒水

____

____

（三）人员分配

＊服务员：________________________________

＊迎宾员：________________________________

＊传菜员：________________________________

* 酒吧调酒员：______

* 衣帽间服务员：______

（四）明确宴会服务要求

______

______

（五）庆典宴会杯花折叠

1. 选择宴会花形的原则

* 根据宴会主题选择花形：______

______

* 根据宴会规模选择花形：______

______

* 根据菜单内容选择花形：______

______

* 根据季节选择花形：______

______

* 根据宾客身份、宗教信仰、风俗习惯和爱好选择花形：______

______

2. 餐巾花插摆的注意事项

______

______

（六）宴会全面检查工作

1. 检查场地

______

______

2. 检查台面餐饮用具

______

______

3. 检查菜肴酒水

______

______

4. 检查设备

____

____

5. 检查卫生

____

____

6. 检查安全

____

____

三、庆典宴会餐前服务

（一）特殊情况迎宾服务

* 同时几个客人进入时：______________________________

____

* 对酒店熟悉客人的迎宾：____________________________

____

* 迎接老、弱、病、残客人时：________________________

____

* 客人抱有小孩时：__________________________________

____

* VIP 客人前来就餐时：______________________________

____

* 客人带有很多物品时：______________________________

____

* 回答客人问询（如问路、找人）时：__________________

____

（二）衣帽服务

大型宴会在宴会厅不远处设衣帽间，由客房服务员负责提供存放衣帽服务。存取衣帽的季节性较强，冬季较多，春秋较少，夏季基本没有，所以应依据季节和参加活动的人数，合理地安排。衣帽存好后，应有专人看管，以便客人随时领取。

* 布置衣帽间：______________________________

____

* 存取衣帽：______________________________

____

（三）餐前服务要求

1. 餐巾服务

宾客用餐时，服务员应及时进行餐巾服务，餐巾可用来擦嘴或防止汤汁、酒水弄脏衣服。

* 服务餐巾的时机和顺序：______________________________

____

* 服务餐巾的方法：______________________________

____

在进行餐巾服务的同时，撤去筷子套。右手示意客人，并用左手撤筷子套，注意不能碰到筷子头部。

2. 毛巾服务

宴会席间提供毛巾服务，不仅能够使客人得到贴心的照顾，还能提高服务质量和客人满意度。

3. 加减餐位

宴会开餐后临时增减就餐人数时，服务员要灵活应变，及时与厨房沟通。宴会增加人数，服务员应立即上前请先到的客人向两侧挪一些，再把补充的餐椅摆在空位上，并请刚到的客人入座，调整餐台餐具的摆放，再摆好补充餐位的餐具。

宴会临时减少人数，服务员应立即撤掉多余的餐具、餐椅，同时调整餐台餐具摆放位置。加减餐位时间不能过长，以免让客人等候过久。

四、庆典宴会特殊菜肴服务

上菜服务是宴会服务员将菜肴按照一定的规格和程序托送上桌的一种服务方式，包括上菜的顺序、标准和技能，摆放菜肴的方法等，要控制速度、注意细节，灵活服务。不同类型宴会的上菜服务基本相同。

（一）不同特点菜肴上菜要求

1. 火候菜肴上菜

2. 带包装的菜肴上菜

3. 拔丝类菜肴上菜

（二）跟配调料的菜肴上菜要求

与热菜相配的佐料、小料，应同热菜一起上齐。

1. 炖冬瓜盅

2. 烤类菜肴

3. 白水羊肉类菜肴

4. 白切鸡、肉

5. 螃蟹

6. 其他菜品

（三）宴会菜肴介绍

宴会厅服务员对有特殊风味和食用方法的菜肴做介绍说明，并示范正确的食用方法；应向客人适当介绍菜肴的口味特点等；应了解有特色的烹调方法。服务员向客人介绍菜肴应适时、适度，针对不同客人介绍菜肴应遵循一定的原则。

____

____

五、庆典宴会席间服务

庆典宴会席间服务规格较高，要求具有针对性，以满足各种宾客的需求。

（一）庆典宴会酒水服务

庆典宴会对于酒水服务要求较高，其中常见酒水有红葡萄酒、白葡萄酒、香槟及中国白酒、啤酒等，需要服务员灵活运用酒水常识提供服务并进行酒水的保管与贮藏。

* 黄酒的服务方法：黄酒温烫至35℃左右，可以添加咸话梅调饮。

* 白酒的服务方法：____

____

* 啤酒的服务方法：____

____

* 白葡萄酒的服务方法：____

____

* 红葡萄酒的服务方法：____

____

* 香槟酒的服务方法：____

____

（二）席间撤换餐碟服务

席间撤换餐碟是为了突出宴会的优质服务，突出菜肴的风味特点，保持桌面卫生整洁。在宴会进行的过程中，需要多次撤换餐碟或小汤碗，重要宴会要求每道菜换一次餐碟。

1. 撤换的时机

2. 撤换的方法

宾客将餐碟中食物吃完后，才能撤换餐碟，如果宾客放下筷子而菜未吃完的，应征得宾客同意后才能撤换。撤换时应站在宾客右侧，左手托盘，右手撤换，要边撤边换，撤与换交替进行，并按先主宾后其他宾客的顺序撤换。

（三）宴会特殊宾客服务

庆典宴会客人来自五湖四海，要求也不相同，服务员要根据客人的要求提供个性化的服务，满足各种宾客的需求。

1. 儿童宾客的服务

儿童对事物充满好奇心，天性好动，爱喊叫，喜跑闹。

服务时应注意：

2. 老年宾客的服务

老年宾客有一定生活阅历，有一定消费能力，且一般反对浪费，饮食上讲究科学、营养、健康，身体消化能力、听力等逐渐减退，在心理上希望得到充分的重视和尊重。

服务时要注意：

3. 残疾宾客的服务

这类客人对自己的特殊情况容易敏感，又不希望成为别人的负担，因此在服务时要做到：

4. 商务宾客的服务

这类客人是酒店的主要消费群体，具有一定的消费能力，对菜肴的要求较高，讲究质高精细，注重礼仪，讲究规格和档次，针对客人的特点，要做到：

六、庆典宴会结束工作

庆典宴会结束服务，不仅要为宾客提供优质的递送衣帽服务，还要按照清理宴会厅的流程与要求做好宴会厅清理工作，所有工作需等客人全部离开后才能进行。清理宴会厅是宴会结束的重要工作，有序的清理可以为本次宴会做好收尾工作，也可为下一次宴会的举行奠定基础。

* 检查宴会厅：______________________________

____

* 减少灯光：______________________________

____

* 清理餐台：______________________________

____

* 撤走桌椅：______________________________

____

* 清洁环境：______________________________

____

* 落实安全：______________________________

____

任务评价

<table>
<tr><th colspan="2" rowspan="2">评价内容</th><th rowspan="2">评价标准</th><th colspan="2">评价</th></tr>
<tr><th>小组互评</th><th>教师评价</th></tr>
<tr><td colspan="2" rowspan="2">庆典宴会服务</td><td>1. 完成宴会厅布置，做到项目齐全、突出主题</td><td></td><td></td></tr>
<tr><td>2. 正确、规范地完成庆典宴会服务工作</td><td></td><td></td></tr>
<tr><td rowspan="2">庆典宴会前准备</td><td rowspan="2">庆典宴会布置</td><td>1. 根据宴会需要，合理安排宴会餐台布局及摆设，达到规范、典雅、方便、适用的要求</td><td></td><td></td></tr>
<tr><td>2. 正确安排宴会宾主桌次与座次</td><td></td><td></td></tr>
</table>

续表

<table>
<tr><th colspan="2" rowspan="2">评价内容</th><th rowspan="2">评价标准</th><th colspan="2">评价</th></tr>
<tr><th>小组互评</th><th>教师评价</th></tr>
<tr><td rowspan="8">庆典宴会中服务</td><td rowspan="2">庆典宴会餐前服务</td><td>1. 主动、灵活地引客入座</td><td></td><td></td></tr>
<tr><td>2. 热情、灵活地为客人提供餐前各项服务</td><td></td><td></td></tr>
<tr><td rowspan="3">庆典宴会特殊菜肴服务</td><td>1. 特殊菜肴上菜方法正确，动作利落，熟练操作</td><td></td><td></td></tr>
<tr><td>2. 主动介绍特殊菜肴食用方法，介绍菜肴特色</td><td></td><td></td></tr>
<tr><td>3. 恰当摆放，操作安全</td><td></td><td></td></tr>
<tr><td rowspan="3">庆典宴会席间服务</td><td>1. 正确、灵活进行特殊酒水服务，方法恰当，操作安全</td><td></td><td></td></tr>
<tr><td>2. 正确、灵活撤换餐碟，操作熟练，服务及时</td><td></td><td></td></tr>
<tr><td>3. 正确为特殊客人服务，服务恰当、灵活</td><td></td><td></td></tr>
<tr><td rowspan="2">庆典宴会后服务</td><td rowspan="2">庆典宴会结束工作</td><td>1. 礼貌送客，递送衣帽规范，及时准确</td><td></td><td></td></tr>
<tr><td>2. 宴会厅清理、物品整理及时，清洁有序</td><td></td><td></td></tr>
<tr><td colspan="5">总　评：　　优秀 □　　良好 □　　基本掌握 □</td></tr>
<tr><td colspan="5">自我评价：</td></tr>
<tr><td colspan="5">教师建议：</td></tr>
</table>

任务挑战

以小组为单位，自拟一个背景，分小组完成庆典宴会方案分析、宴会摆台服务、迎宾服务、菜肴服务、席间服务、结束工作等。

要求：主题突出，布置设计围绕主题展开，流程完整并富有创意。

任务3　国宴服务

国宴是国家领导人或政府首脑为国家的庆典或为欢迎外国元首、政府首脑来访而举行的正式宴会。国宴是国际交往中的一种重要的礼仪形式，是各类宴请活动中规格最高、最为隆重的一种宴请形式。国宴设计既要体现民族自尊心、自信心、自豪感，又要体现兄弟国家和民族之间的平等、友好、和睦关系。国宴环境布置讲究，厅内要求悬挂国旗，安排乐队演奏国歌及席间乐，席间还要致辞和祝酒，礼仪要求十分严格。

任务描述

中华人民共和国成立70周年阅兵仪式期间，国家主席在人民大会堂宴会厅举行隆重的宴会，热烈欢迎来京出席阅兵式的各国政要及代表。大家齐聚一堂，无论是级别还是规模不仅在我国是盛况空前，在世界范围也甚为罕见。

如何让每一位外宾都感受到宾至如归？外交部礼宾司在此前做了精心而细致的准备。请与同事一起为贵宾提供高规格、具有中国特色的宴会服务吧。

任务要求

1. 了解服务方案，并能正确理解各项要求。
2. 初步掌握国宴各项技能服务标准。
3. 掌握国宴服务中各岗位工作服务流程并能按流程提供相应服务。
4. 在国宴服务过程中，能为客人灵活进行宴会服务。

任务实训

提供国宴（高规格宴会）服务

国宴（高规格宴会）服务一般应完成明确国宴服务方案、国宴准备工作、国宴迎宾服务、国宴菜肴服务、国宴席间服务、国宴结束工作六个流程，具体内容如下。

工作流程	实施步骤	内容及要求
一、明确国宴服务方案	1. 宴会分析 2. 宴会厅设计与布置 * ________ ________ * ________ ________ 3. 菜单酒水设计 4. 人员分工 5. ________	
二、国宴准备工作	1. 宴会厅布置 2. 餐台布置 3. 宴会检查 4. 宴会前培训	
三、国宴迎宾服务	1. 迎宾入厅 2. 迎宾入席	
四、国宴菜肴服务	1. 服务冷盘 2. 上汤菜 3. 上热菜 4. 上甜点、水果	

续表

工作流程	实施步骤	内容及要求
五、国宴席间服务	1. 摆放冷菜 2. 斟预备酒 3. 问让饮料 4. 菜肴服务 5. 席间巡台	
六、国宴结束工作	1. 宴会总结 2. 填写客史档案 3. 输入电脑管理系统 4. 存档	

任务探究

国宴从菜单的设计、就餐环境、台面的摆设、菜品质量、厨师技艺、服务程序到综合接待能力等方面，都非常的考究与精细。

一、明确国宴服务方案

国宴是国家领导人或政府首脑为国家庆典活动或为欢迎外国元首、政府首脑来访而举行的正式宴会。这种宴会规格最高，庄严而又隆重。宴会厅内悬挂国旗，设乐队演奏国歌及席间乐，席间有致辞或祝酒，代表性强，宾主均按身份排位就座，礼仪严格。

（一）国宴类别

（1）以国家名义举行的庆祝国家重大节日如国庆节等而举行的宴会，由党和国家领导人主持，邀请驻华使节、外国驻华的重要机构代表、记者及国家各有关部门的负责人，以及人大、政协、群众团体代表、劳动模范等出席，宴会厅内悬挂国徽和国旗。

（2）以国家名义邀请来访的国家元首或政府首脑出席的宴会，宴会厅内悬挂双方国旗，设乐队，奏国歌，席间致辞，菜单和座席卡上均印有国徽。

（二）国宴特点

国宴出席者身份高，接待规格高，场面隆重，政治性强，礼仪严格，工作程序规范、严谨。可分为欢迎宴会、答谢宴会、工作宴会等。

* 欢迎宴会的特点：宴会的规模有大有小，规格按国家既定的接待方针，体现对宾客的热情款待之意，整个宴会的设计遵从主宾的爱好和情趣。

* 答谢宴会的特点：为表示感谢他人的帮助或请求他人帮助而设宴。这类宴会是为了表达诚意，故要求高档、豪华，就餐环境要求优美、清净。

* 工作宴会的特点："边吃边谈"是这一类型宴会的主要特点。宴会选择的地点经双方协商，一般以访问方领导人下榻的酒店或使领馆为主，菜肴体现本国特色。

（三）国宴现状

中国国宴历史悠久、独具特色，而且在不断的发展中。在长期实践中，北京人民大会堂举行的国宴活动以继承、发展中餐宴会优良传统为基础，吸取了国际上一些好的惯例，不断进行探索和改革，逐渐形成了以中餐菜点为主、以中西餐具合璧、单吃分食为特点的具有人民大会堂特色的宴请服务形式。国宴制定的菜谱，一般以清淡、荤素搭配为原则，基本上固定在四菜一汤。如今，国宴的菜系已被称为"堂菜"，会集了全国各地的地方菜系，经几代厨师的潜心整理、改良、提炼而成，基本可以满足中外大多数宾客的口味要求。

二、国宴准备工作

（一）国宴举办地点

国宴在所有宴会中规格最高。这不仅表现在国宴主宾双方的身份是国家元首或政府首脑，还体现在国宴是国事和外交礼仪的重要活动之一，其政治性、保密性与高规格也是一般宴会所无法比拟的。

1. 钓鱼台国宾馆五号楼

五号楼位于宾馆园区的北部正中，是很多国事活动的举办场所。五号楼有团长套、豪华套、普通套及标准客房共 24 套，内设会见厅、谈判厅、宴会厅和百人厅，我国领导人常在此举办国事活动。

2. 人民大会堂宴会厅

宴会厅位于人民大会堂二楼，东西长 102 米，南北宽 76 米，高 15 米，面积 7000 多平方米，可以举办 5000 人的宴会或 1 万人的酒会。由于人民大会堂宴会厅较钓鱼台国宾馆宴会厅宽广，故国宴大多于此举办。

（二）国宴场景布置

国宴代表着国家的形象和风范，因此国宴的礼仪需要特别周到，现场布置也要体现隆重、热烈的气氛。

国宴通常安排在晚上进行，宴会的形式可采用中餐宴会或西餐宴会模式，一般不采用自助式或酒会形式，以避免人群的走动而影响庄重的气氛。

* 我国国宴模式：______

* 菜肴风格及服务模式：______

______

* 场景布置：国旗悬挂、乐队、讲台、文艺表演、照明灯光、装饰色彩等。

______

______

（三）宴会前准备工作

* 接到宴会通知单后，要了解相关信息：______

______

* 根据国宴的宴会等级，去厨房开单：______

______

* 餐具准备：______

______

* 按国宴人数备出宴会所用毛巾：______

______

* 准备国宴所需的各种杯子：______

______

* 按人数及台形要求摆设宴会所需台面及餐椅，并检查是否牢固、干净：

______

______

* 台面摆设后，铺台布、搭配台裙，设讲台并准备相关设备：______

______

* 搞好宴会所在厅室的卫生，检查设备设施是否完好：______

______

（四）宴会的摆台

我国国宴的菜肴多采用中餐，配合中国特色菜肴的中餐餐具一般为筷子，由于很多外宾不会使用筷子，而中方客人又不习惯用刀叉，所以国宴中大多采用中西结合的摆台方法，既方便宴会双方人员的使用，也方便服务程序的操作，即中餐西吃。

请绘制餐具摆位图：

三、国宴迎宾服务

在涉外接待中，迎接来宾不仅是头一个环节，而且往往是至关重要的一环。要在迎接外宾之时表现出色，除了要继承、发扬我国历代好客的优良传统外，还需借鉴国际上通行的礼宾惯例。

（一）举行欢迎仪式

* 国宾抵达机场、车站或码头时：________________________________

____

* 在国宾抵达的当日或次日：________________________________

____

* 仪式举行时：________________________________

____

（二）举办专门宴会

（1）欢迎宴会：在外宾抵达之后所举行的宴会。

（2）送别宴会：在外宾离去之前所举行的宴会。

（3）宴会具体程序。

* 宴会正式开始前迎接：

* 宾主双方见面后：

* 主人陪同主宾进入宴会厅：

* 宴会正式开始前致辞：

* 宴会结束时：

* 主宾起身告辞后：

（三）话别送行

四、国宴菜肴服务

（一）认识国宴菜肴

1. 菜肴的特点

2. 烹制手段

3. 原料选用

（二）国宴菜单

制定国宴菜单是一门综合学问，外交规格、饮食习惯、宗教信仰、年龄、身体状况等，以及规模、季节、气候、食品原料、营养等诸多因素都要考虑进去，这既是一项政治任务、又是一项严肃工作，不能有半点差池。

〖例〗

◎ ____

◎ ____

◎ ____

◎ ____

◎ ____

◎ ____

◎ ____

◎ ____

◎ ____

◎ ____

（三）国宴菜肴服务程序及要求

国宴上，男服务员身穿黑色西服、扎领结；女服务员身穿美观、高雅的旗袍。上菜斟酒动作娴熟，服务周到、热情。国宴的菜肴服务讲究规格和礼仪，服务规范要严谨。

一般来说，宴会开始前先摆好小巧精美的各式冷盘，上热菜前，先上汤，然后上荤菜、素菜。热菜一般是三荤一素，第一道菜往往是最为名贵的，由专职传菜服务员有序托送。等宾客吃完一道菜后，专职值台服务员及时换下一道菜。主菜上完后，再上甜点、水果。水果根据季节而定，一般不固定某一种。

为了保证菜点质量，让宾客吃得满意，服务员要恰到好处地掌握上菜的时机和速度。要求服务员对本次宴会各种菜点的风味、火候和烹调所需的时间，做到心中有数。

国宴致辞时，现场所有的服务人员不论在做什么，都要停下手中的工作，原地肃立。

五、国宴席间服务

（一）基本原则

国宴席间服务要做到服务规范、整齐划一、有序精确、服务无差错。

* 先宾后主、先女后男原则：____

____

* 顺时针方向原则：______________________________

____

* 及时补救原则：______________________________

____

（二）基本要求

无论是上菜或撤菜，还是倒酒水、茶水、咖啡，都应从客人的右侧上或问让，上配料、点心时则从左侧上（实际服务以各个酒店具体要求为准）。

* 摆放冷菜：______________________________

____

* 斟倒酒水：______________________________

____

* 迎接宾客：______________________________

____

* 餐巾服务：______________________________

____

* 毛巾服务：______________________________

____

* 问让饮料：______________________________

____

* 撤座位卡：______________________________

____

* 按程序上、撤菜和甜品：______________________________

____

（三）国宴饮品

人民大会堂国宴用酒过去主要以茅台为主，现在一般不上白酒，新一代的北京啤酒、天津干白葡萄酒、燕京啤酒、王朝葡萄酒、浙江龙井茶等成为国宴指定饮品。不管是饮料还是酒类，凡是被指定为国宴专用饮品的厂家，对其产品都是专门组织生产，采用特供的形式，严格工艺。

六、国宴结束工作

国宴结束后，要对各项服务工作进行总结，提炼经验，找出不足和需要改进的地方，特别是细节方面出现的问题，更要格外重视。收集整理每位贵宾的信息，做好客史档案的整理工作，促进服务水平的提升。

（一）宴会总结工作

* 总结经验：____

____

* 找出不足：____

____

* 改进措施：____

____

* 细节方面：____

____

（二）建立客史档案

建立客史档案是酒店了解客人，掌握客人的需求特点，从而为客人提供针对性服务的重要途径，对提高酒店服务质量、改善酒店经营水平具有重要意义。

* 基本特征：____

____

* 预订情况：____

____

* 消费情况：____

____

* 习俗爱好：____

____

* 反馈信息：____

____

客史档案的资料来源主要有宴会预订单、消费账单、宾客意见记录、其他部门的接待记录、宾客意见反馈表等。

任务评价

<table>
<tr><th colspan="2" rowspan="2">评价内容</th><th rowspan="2">评价标准</th><th colspan="2">评价</th></tr>
<tr><th>小组互评</th><th>教师评价</th></tr>
<tr><td colspan="2" rowspan="2">国宴服务</td><td>1. 参与国宴摆台操作，餐台设计典雅、富有创新和特色</td><td></td><td></td></tr>
<tr><td>2. 按国宴规格要求完成宴会各项服务工作，无任何差错</td><td></td><td></td></tr>
<tr><td rowspan="2">国宴前准备</td><td rowspan="2">国宴餐台设计与摆放</td><td>1. 参与国宴宴前各项准备，准备充分、严密，布置突出我国特色</td><td></td><td></td></tr>
<tr><td>2. 餐台设计典雅，富有创新和特色</td><td></td><td></td></tr>
<tr><td rowspan="4">国宴中服务</td><td rowspan="2">国宴迎宾服务</td><td>1. 宴前接待应注重礼仪规格</td><td></td><td></td></tr>
<tr><td>2. 按照礼仪规格，恰当地提供接待服务</td><td></td><td></td></tr>
<tr><td>国宴莱肴服务</td><td>按国宴上菜顺序进行菜肴服务，速度恰当、服务统一、姿势优雅、无任何差错</td><td></td><td></td></tr>
<tr><td>国宴席间服务</td><td>按照国宴服务原则和要求进行席间服务，做到细致、灵活、恰到好处</td><td></td><td></td></tr>
<tr><td>国宴后服务</td><td>国宴结束工作</td><td>总结经验，及时、规范地建立客史档案</td><td></td><td></td></tr>
<tr><td colspan="5">总　评：　　优秀 □　　良好 □　　基本掌握 □</td></tr>
<tr><td colspan="5">自我评价：</td></tr>
<tr><td colspan="5">教师建议：</td></tr>
</table>

任务挑战

以小组为单位，自拟一个背景，分小组完成国宴服务方案分析、宴会摆台服务、迎宾服务、菜肴服务、席间服务、结束工作等。

要求：主题突出，布置设计围绕主题展开，流程完整并富有创意。

模块二

西餐服务融入
优雅别致

西餐是西方式餐饮的统称，广义上讲，也可以说是对西方餐饮文化的统称。“西方”习惯上是指欧洲国家和地区，以及由这些国家和地区为主要移民的北美洲、南美洲和大洋洲的广大区域，因此，西餐主要指的便是以上区域的餐饮文化。

项目四　丰盛营养的早餐

西式早餐注重食材的科学搭配，主要供应一些选料精细、粗纤维少、营养丰富的食品，如各种蛋类、面包及各种饮料等。大多数西方人到中国后仍习惯吃西式早餐，而且越来越多的东方人也逐渐喜欢食用西式早餐。

西式早餐又分为英美式和欧陆式两种。其中，英美式早餐品种丰富，比较流行。这种早餐供应各种蛋类品种，再配以火腿、咸肉等；各种谷类食品，如面包、麦片、玉米片等；各种饮料，如果汁、咖啡、红茶、牛奶等。英国、美国、加拿大、澳大利亚及新西兰等以英语为母语的国家的早餐都属于此类。欧陆式早餐比较简单，主要供应各种面包、黄油、果酱及各种饮料等。德国、法国等国的早餐即属于此类。

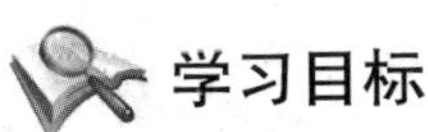

学习目标

* 理解各种类型的早餐服务；

* 熟悉西式早餐服务的标准及要求；
* 掌握西式早餐服务的基本流程；
* 增强服务中规范、细致的职业能力；
* 具备有效的协调及沟通能力；
* 提升自我管理的专业素养。

任务1　英美式早餐服务

英美人非常重视早餐，他们认为早餐如果吃得舒服，即表示今天一天都会有愉快、满意的时光，有些人甚至利用早餐时间约谈生意。由于西方客人对早餐的要求重在营养和快捷方便，咖啡厅服务快捷，食品种类多且容易烹制，所以为节省时间，许多宾客都愿到咖啡厅享用早餐。西餐早餐一般在咖啡厅提供，分为散餐和套餐。早餐散餐内容一般包括：果汁类、水果类、谷麦类、鸡蛋类、肉类、面包类、热饮类等。

任务描述

清晨6：30，咖啡厅正在紧张地做着早餐服务前的各项工作，一位先生手提一个小行李包快步走到临近入口的一张餐桌坐下，要求服务员马上帮他点单。

请根据客人的需求，为其提供优质的早餐服务。

任务要求

1. 熟悉英美式早餐的构成以及服务要求。
2. 掌握英美式早餐技能服务标准。
3. 在服务过程中，能够了解客人心理需求，灵活沟通，热情服务。

任务实训

提供英美式早餐服务

早餐服务一般应完成餐前准备工作、开餐前的准备工作、餐中服务工作、餐后收尾工作四个流程，具体内容如下。

工作流程	实施步骤	内容及要求
一、餐前准备工作	1. 预订情况分析 2. 了解餐品准备情况 3. 餐具准备与餐台布置 4. 人员分工	
二、开餐前的准备工作	1. 检查仪容仪表 2. 铺台布 3. 餐垫、餐盘定位 4. 摆放刀叉 5. 摆放盐瓶、胡椒瓶、糖盅、奶盅等公用品 6. 摆放水杯 7. 摆放餐巾花 8. 准备好菜单、台号等用具 9. 检查设备与环境	
三、餐中服务工作	1. 迎宾引领 2. 拉椅让座 3. 冰水服务 4. 递呈菜单 5. 点餐服务 6. 核对菜肴 7. 规范上菜 8. 摆放菜肴 9 席间服务	

续表

工作流程	实施步骤	内容及要求
四、餐后收尾工作	1. 结账收银 2. 欢送客人 3. 回收餐品 4. 清理餐台 5. 收拾餐台	

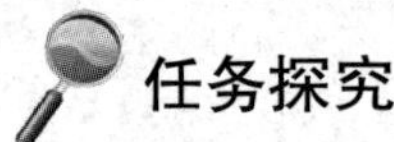

任务探究

一、美式早餐

除了与欧陆式早餐相同的诸如咖啡或茶、黄油、果酱、面包和果汁外，还包括英式早餐中的煮黄豆、德式早餐中的香肠，还有麦片、谷物粥类、鸡蛋类、肉食类等食品。

（一）美式早餐的组成

1. 水果或果汁

这是早餐的第一道菜，果汁又分为罐果汁及新鲜果汁两种。另有一种将干果加水，用小火煮至汤汁蒸发殆尽，水果松软为止，以餐盘端上桌，用汤匙边刮边舀着吃。

2. 麦片

一般是指已经预熟的膨化麦片，包括：大米花、全麦糠、玉米片、燕麦片等。吃的时候，只要将麦片和牛奶（冷热均可）混合，或者麦片与水果、酸奶混合，略加搅拌即可食用。如玉米片、脆麦、泡芙、小麦干、保健麦片、杂果麦片等，有时再加香蕉切片、草莓或葡萄干等。

谷物粥一般指需要煮的麦片，如燕麦片需加水煮制，出锅时再倒入一些鲜奶。如麦片粥或玉米粥，以供顾客变换口味，吃时加牛奶和糖调味。

3. 鸡蛋类

（1）水波蛋：将镇在冰水中的蛋打入盆中，在开水锅里加醋和盐，将蛋慢慢倒入锅中，再减小火势煮 3 分钟即可，食用水波蛋一般搭配吐司，分为溏心蛋、半硬心蛋和硬心蛋。

（2）黄油煎荷包蛋：其烹制方法又有不同，分为煎一面，蛋白上有气泡的；煎一面，蛋白上没气泡的，蛋黄鲜艳的。也有两面煎，蛋较嫩的，或双面煎到全熟的。

（3）黄油炒鸡蛋：一种叫奄列蛋，即蛋白、蛋黄混合后，猛火快炒制成质地嫩的蛋卷，包括：清炒奄列，无配料；芝士奄列，配芝士粒；火腿奄列，配火腿粒；培根奄列，配培根粒；蘑菇奄列，配蘑菇粒；洋葱奄列，配洋葱丝；西班牙奄列，配番茄、柿子椒、洋葱粒。另一种叫熘糊蛋，将蛋白、蛋黄搅匀后加盐、胡椒、牛奶，然后在锅上加牛油，用水翻炒，最后用微火将蛋炒熟。食用熘糊蛋时一般涂在吐司上。

（4）鸡蛋卷：把鸡蛋打碎，就如同中餐里的摊鸡蛋一样摊入热油平底锅，摊成鸡蛋饼，加奶酪、蘑菇、洋葱、青椒、西红柿等各种碎粒，然后把鸡蛋饼卷起来，略翻压紧成卷即可。

4. 肉食类

主要是火腿、培根等。

5. 吐司和面包

吐司通常烤成焦黄状，要注意 toast with butter 和 buttered toast 的不同，toast with butter 是指端给客人时，吐司和牛油是分开的；buttered toast 是指把牛油涂在吐司上面之后，再端给客人，美国的咖啡店大都提供 buttered toast。

6. 饮料

指咖啡或茶等不含酒精的饮料。所谓 white coffee（白咖啡）是指加奶精的咖啡，也就是法语中的 café au lait，较不伤胃；不加奶精的咖啡就称为 black coffee（清咖啡）。在国外，tea（茶）一般是指红茶。

美国是移民国家，因此美式早餐会集了英国和欧洲大陆各国的早餐内容，种类繁多。美国传统早餐包括煮燕麦粥、香肠、煎土豆饼、饼干、面包片、软饼、华夫饼、甜面包圈、法式煎面包片、英国松糕、牛角包、丹麦包等，咖啡、牛奶、茶、果汁一般是必备的。

近年来，冷食麦片，即预熟的膨化麦片，包括大米花、小麦丝、全麦糠、玉米片、燕麦片等加牛奶或酸奶，已经非常普遍。美国特有的肉排与鸡蛋堡，在欧洲很少见到，一般只在美式快餐店里有售。

有的地区早餐有乡村风味肉汤、玉米羹、墨西哥饼、玉米肉饼、猪肉卷、鱼排，这和地区内人口来源有关，在美国其他地区并不流行。

美国居民社区餐馆提供的早餐一般是为上班族准备的，能够快速食用或者便于携带。项目一般有咖啡、甜面包圈、酸奶、奶昔、脆熟燕麦片、面包片和快餐汉堡等。

（二）美式早餐服务流程

1. 摆台及其标准

美式早餐的摆台标准如下图所示。

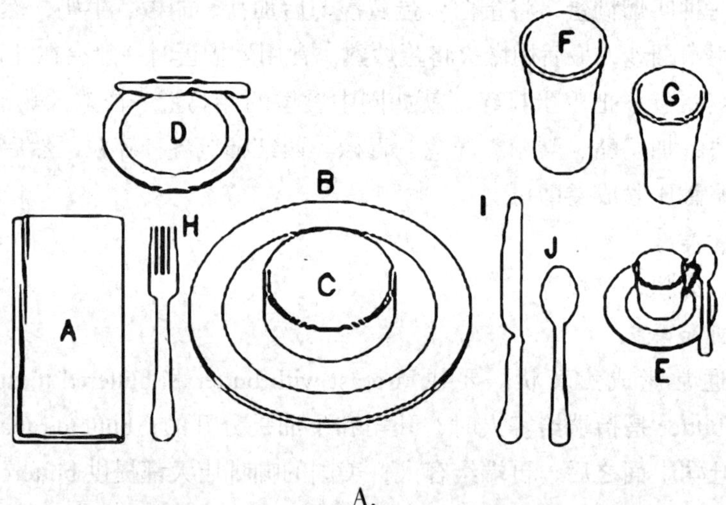

A.

A. napkin（餐巾） B. luncheon plate（餐碟） C. cereal bowl（麦片粥碗）
D. bread and butter plate（黄油及面包盘） E. cup and saucer with teaspoon（带茶匙的杯子及杯托）
F. water glass（水杯） G. juice glass（果汁杯） H. fork（餐叉） I. knife（餐刀） J. teaspoon（茶匙）

2. 美式早餐服务流程标准

（1）准备工作。

服务员须在早餐开始前半小时全部到岗，开简短的碰头会，检查员工仪容仪表，布置当日工作，分配员工工作岗位，介绍厨房当日菜肴和推销菜肴；领班和服务员按区域检查台面、台布、餐巾、餐用具、玻璃器皿、不锈钢器皿以及各种调味品、托盘、花瓶等是否齐全、清洁、明亮，摆放是否规范；准备好菜单、饮料单，其中饮料单、菜单须清洁，配合厨房摆放自助餐用具和食品，所有用具要保证一定的周转量，以备更换。

（2）点菜。

客人就座后，服务员应表示欢迎，并从客人右边递上菜单和饮料单。客人点菜时，服务员应在客人斜后右方，上身微躬，如果客人不能确定菜肴，应主动向客人介绍菜肴，帮助客人选择菜肴。入厨单一式三联，饮料单一式两联，书写字迹要清楚，如有特殊要求，须加以说明。客人点完单后，应重复点单内容，以请客人确认，如客人所点菜肴出菜时间较长，应及时提醒客人，并征求客人意见，是否需要更换。

（3）上菜。

根据客人所点菜肴，调整桌面原有的餐用具，上饮品、菜肴或撤碟时一律使用托盘，除自助餐外无论客人吃美式套餐、欧陆式套餐还是零点都应在客人确定好饮料和菜肴后，尽快为客人提供饮料。上菜时，应检查所上菜肴与客人所点菜肴是否一致，调味品与辅料是否齐全，西餐早餐上菜顺序为先冷后热；欧陆式早餐上菜顺序为自选果汁、各色早餐包点、咖啡或茶；美式早餐的上菜顺序为自选果汁或水果、鲜蛋配火腿、咸肉或香肠、咖啡或茶，从客人右侧上菜，从客人左侧撤碟，上菜时要报菜名，放菜要轻，每上一道菜，都须将前一道用完餐的用具撤掉，咖啡或茶只有在客人结账离去后才可撤走。

（4）用餐。

早餐就餐客人多、周转快，须不断地与厨房联系，以确保供应，保证出品质量，控制出菜时间，每个服务员应对自己所分管的台面负责，要关注客人的动态，尽可能地解决和满足客人提出的要求，经常为客人添加咖啡或茶，在就餐过程中要避免发生送错菜或冷落客人、让客人久等的现象，及时撤去餐后盆、碟，做好台面清洁。

（5）征询意见。

在不打扰客人的情况下，主动征求客人对服务和出品的意见，如客人满意，应及时表示感谢，如客人提出意见和建议，则应认真加以记录，并表示将会充分考虑其意见。

（6）结账。

只有在客人要求结账时，服务员方可结账。多位客人一起就餐时，应问清统一开账单还是分开账单，凡住店客人要求签房账时，服务员应请客人在账单上签上姓名和房号，并由收银员通过电脑查询核实后方能认可，结账要迅速准确，认真核实账单无误后，将账单夹在结账夹内交给客人，结账后，应向客人表示感谢。

（7）送客。

客人离开时应为其拉开座椅，递上衣帽，对客人的光顾表示感谢，并欢迎再次光临，检查是否有客人遗落的物品，如有发现应及时送还，如客人已离开，则应交送餐饮部办公室。

（8）撤台。

客人离去后，按先餐巾、毛巾，后酒杯、碗碟、筷子、刀叉的顺序收拾餐具及有关物品，按铺台要求重新铺台，准备迎接新的客人。

二、英式早餐

英式早餐除了一般的咖啡、牛奶、面包、鸡蛋、培根和香肠外，传统早餐还有黑布丁（用猪血、燕麦、香料灌制的香肠）、白布丁（用猪肉、动物板油、燕麦灌制的香肠）、土豆煎饼、炖黄豆等。英式早餐庞大且内容繁杂，热量比较高，因此，英国政府倡导国民养成健康的饮食习惯，很多人放弃食用传统早餐项目，改为食用简单、健康的早餐。

任务评价

评价内容	评价标准	评价	
		小组互评	教师评价
餐前准备	1. 在 5 分钟内完成英美式早餐摆台，做到动作准确和规范、操作卫生		
	2. 正确、规范地完成早餐各项服务工作		
	3. 餐具用品、配餐品准备齐全，摆放协调，洁净、卫生、无破损		

续表

<table>
<tr><th colspan="2" rowspan="2">评价内容</th><th rowspan="2">评价标准</th><th colspan="2">评价</th></tr>
<tr><th>小组互评</th><th>教师评价</th></tr>
<tr><td rowspan="5">餐中服务</td><td rowspan="2">迎宾服务</td><td>1. 准确、规范地使用礼貌用语，热情、规范地微笑迎宾</td><td></td><td></td></tr>
<tr><td>2. 为宾客提供规范的拉椅让座、冰水服务</td><td></td><td></td></tr>
<tr><td rowspan="3">上菜服务</td><td>1. 上菜流程和标准正确</td><td></td><td></td></tr>
<tr><td>2. 正确选择上菜位置，上菜动作规范、准确，准确报菜名，简单介绍菜品特点</td><td></td><td></td></tr>
<tr><td>3. 规范摆放，操作安全</td><td></td><td></td></tr>
<tr><td rowspan="3">餐中服务</td><td rowspan="3">席间服务</td><td>1. 准确选择斟倒酒水饮料的位置，采用标准姿势和顺序为客人斟倒酒水饮料；斟倒酒水饮料的量要恰当，操作安全</td><td></td><td></td></tr>
<tr><td>2. 按规范正确、及时地撤换餐具、整理餐台</td><td></td><td></td></tr>
<tr><td>3. 正确、及时地处理客人用餐期间的常见问题</td><td></td><td></td></tr>
<tr><td rowspan="2">餐后服务</td><td rowspan="2">结束工作</td><td>1. 礼貌送客</td><td></td><td></td></tr>
<tr><td>2. 按要求收拾餐台</td><td></td><td></td></tr>
<tr><td colspan="5">总　评：　　优秀 □　　良好 □　　基本掌握 □</td></tr>
<tr><td colspan="5">自我评价：</td></tr>
<tr><td colspan="5">教师建议：</td></tr>
</table>

任务挑战

下列是一份美式早餐菜单，请阅读并了解菜单餐品的结构，并熟记常用餐品的英文。

美式早餐

THE AMERICAN BREAKFAST

自选果汁或鲜水果

Choice of fruit juices or tropical fresh fruit

***

煎 / 炒 / 煮 农场鸡蛋配土豆饼及

烟肉 / 火腿 / 香肠

Fried/Scrambled/Boiled Farm eggs served with hashed brown potatoes,

Bacon/ ham/ sausage

***

新鲜焗制面包

可选牛角包、白方包、麦方、葡萄干甜包、猪仔包、丹麦甜糕饼,

配以牛油、人造黄油、果酱、蜜糖及橘子酱

Selection of croissants，Danish pastries and rolls Served with butter，jam，

marmalade and honey

***

即磨咖啡或英式茶

Coffee or tea

每位 108 元

RMB 108 per person

所有价目以人民币结算，加 15% 服务费

All Items Subject To RMB + 15% Service Charge

【知识链接】

常用餐品中英文对照

△常见的新鲜果汁

Grapefruit Juice	葡萄柚汁
Tomato Juice	番茄汁
Orange Juice	柳橙汁
Pineapple Juice	凤梨汁
Apple Juice	苹果汁
Guava Juice	番石榴汁

Papaya Juice	木瓜汁
Fresh Garrot Juice	新鲜胡萝卜汁
Mixed Vegetable Juice	什锦蔬菜汁

△罐头果汁

Peaches in Syrup	蜜汁桃子
Apricots in Syrup	蜜汁杏子
Figs in Syrup	蜜汁无花果
Pears in Syrup	蜜汁枇杷
Chilled Fruit cup	什锦果盅

△炖水果干

Stewed Figs	炖无花果
Stewed Prunes	炖李子
Stewed Peaches	炖桃干
Stewed Apricots	炖杏干

△蛋

Fried eggs	煎蛋
Boiled eggs	带壳水煮蛋
Poached eggs	炒蛋
Omelet	蛋卷
Plain Omelet	普通蛋卷
Ham Omelet	火腿蛋卷
Ham & Cheese Omelet	火腿乳酪蛋卷
Spanish Omelet with Strawberries	草莓蛋卷
Jelly Omelet	果酱蛋卷
Cheese Omelet	乳酪蛋卷
Ushroom Omelet	香菇蛋卷

△吐司和面包

Corn Bread	玉米面包
Plain Muffin	松饼
Corn Muffin	玉米松饼

English Muffin	英国松饼
Biscuit	饼干
Croissant	牛角面包
Waffles	压花蛋饼
Glazed Doughnut	糖衣油煎圈饼
Chocolate Doughnut	巧克力油煎圈饼
Jelly Doughnut	果酱油煎圈饼
Plain Doughnut	素油煎圈饼
Powdered Sugar Doughnut	糖粉油煎圈饼
Buckwheat Pancakes	荞麦煎饼
Hot Cakes with Maple Syrup	枫树蜜汁煎饼
French Toast	法式煎蛋衣面包片
Cinnamon Rolls	肉桂卷
Miniature Danish Rolls	丹麦小花卷
Hot Danish Rolls	牛油热烘丹麦花卷

△烧烤类

Breakfast streak	早餐牛排
Kidney& Bacon	牛腰腌肉
Liver & Tomatoes	牛肝番茄
Pork Sausage & Mashed Potatoes	猪肉香肠薯泥

△鱼类

Kedgeree	印度烩鱼饭
Fish Cakes	炸鱼饼
Kippered Herring	熏鲱鱼
Finnan Haddie & Poached Egg	熏鳕鱼水煮蛋

任务 2　欧陆式早餐服务

欧陆式早餐概念来自英格兰，是英国人在英语语境里所指的欧洲大陆各国的早餐方式。但实际上，欧陆各国的早餐亦有所不同，因此欧陆式早餐的概念并不能涵盖所有欧洲大陆国家的早餐。欧陆式早餐一般比较简单，类别也比较少，主要包括面包、黄油或果酱、咖啡或茶、果汁等。因此又称“全面包咖啡式”早餐。

任务描述

晓琴是咖啡厅的实习生，在早班接待一位女性客人的时候，发现她很眼熟，昨天好像也接待过她。她还记得昨天她点的是欧陆式早餐，饮品是黑咖啡。

请根据客人的饮食习惯，为其提供优质的早餐服务。

任务要求

1. 熟悉欧陆式早餐的构成以及服务要求。
2. 掌握欧陆式早餐技能服务标准。
3. 在服务过程中，能够了解客人心理需求，灵活沟通，热情服务。

任务实训

提供欧陆式早餐服务

欧陆式早餐服务一般应完成餐前准备工作、开餐前的准备工作、餐中服务工作、餐后收尾工作四个流程，具体内容如下。

工作流程	实施步骤	内容及要求
一、餐前准备工作	1. 预订情况分析 ________ ________	________ ________ ________ ________
二、开餐前的准备工作	1. 检查仪容仪表 ________ ________	________ ________ ________ ________
三、餐中服务工作	1. 迎宾引领 ________ ________	________ ________ ________ ________
四、餐后收尾工作	1. 结账收银 ________ ________	________ ________ ________ ________

任务探究

“欧陆式早餐”一词所定义的内容，随时间变化逐渐演变成“简单式早餐”，因此，在很多星级酒店的西餐厅中，菜谱里的“欧陆式早餐”所指代的是一种只提供咖啡、茶、牛奶、黄油、果酱、面包和果汁的简单早餐。在星级酒店中，美式早餐则定义为“复杂式早餐”，又称“全早餐”（full breakfast）。由于谷物粥类（用牛奶、白水煮或泡的谷物粥）作为健康食品被推崇，所以，欧陆国家的早餐里，谷物粥类食品比较普遍。

在星级酒店中，欧陆式早餐的食品包括：咖啡或茶、黄油、果酱、面包和果汁。在面包类食品中，一般有比利时华夫饼、丹麦式甜面包、法式牛角面包、英式圆面包、德式咸面包、面包片等。欧陆早餐的面包种类很多，从豪迈的德式面包，到精致的法式面包都可以看到。其餐品包括以下几种。

（1）谷物＋干果＋牛奶或酸奶。谷物与牛奶的搭配非常家庭式，成人吃的谷物和孩子们吃的谷物是不一样的，两者其实口味相近，最大的不同是孩子们吃的谷物在外形上更有趣些。少量的干果可以搭配谷物和牛奶，其中的甜味和咀嚼感会让人愉悦。

（2）煎蛋卷。蛋皮裹着火腿、培根、烟熏三文鱼、蘑菇、甜椒、番茄和绿叶菜等，最后一定要加进大把芝士碎，让口味足够浓郁。

（3）芝士＋坚果。芝士能为人提供一整个上午的热量。常见的有蓝纹、帕玛森、车打、大孔、布里等。也可以配搭坚果，以增加风味。

（4）冷切肉。种类多达几十种，从高级的火腿到平价的香肠、风干肉都在这个范围里，是欧陆早餐中肉食的重点。

（5）咖啡。欧洲人的早餐离不开咖啡，每个国家的人喝咖啡的习惯也不相同。法国人和德国人习惯喝黑咖啡，不加任何东西，一杯 expresso（意式咖啡）才是最带劲的。意大利人则不同，他们早上喜欢喝卡布奇诺，而且一定要把牛奶打出奶泡再加进咖啡里才行，直接倒进牛奶这种行为是完全不能接受的。希腊人喝的是土耳其式咖啡，直接用水煮咖啡粉，咖啡因含量更高。

为欧陆早餐做出贡献最大的就是那些高级酒店，为了给客人们奉上一餐丰盛的早餐，他们将很多欧洲的早餐食物甚至正餐食物集合到了一起，在自助餐厅里摆开，任客人挑选。当来自法国、意大利、德国、西班牙、希腊、中欧、北欧等地区的特色食物聚在一起的时候，欧陆早餐的体系就已经形成了。欧洲大陆各国早餐的特色如下。

一、德奥式早餐

标准配置：咖啡、面包类、鸡蛋类（水煮鸡蛋）、香肠、火腿、培根。德国、奥地利的酒店还可提供“床头早餐”，内容与餐厅早餐大同小异。

二、法式早餐

有类似卡布奇诺的咖啡、热巧克力，法式面包棍切片、牛角面包，还有一种传统的面包，当地人称作 pains aux raisins，即有葡萄干的甜面包卷。

三、意式早餐

包含有拿铁咖啡、卡布奇诺咖啡及面包和面包卷等。意大利人也爱聚在咖啡店里吃早餐，因此咖啡店成为人们的一个社交场所。

任务评价

<table>
<tr><th colspan="2" rowspan="2">评价内容</th><th rowspan="2">评价标准</th><th colspan="2">评价</th></tr>
<tr><th>小组互评</th><th>教师评价</th></tr>
<tr><td colspan="2" rowspan="3">餐前准备</td><td>1. 在 5 分钟内完成欧陆式早餐摆台，做到动作准确和规范、操作卫生</td><td></td><td></td></tr>
<tr><td>2. 正确、规范地完成早餐各项服务工作</td><td></td><td></td></tr>
<tr><td>3. 餐具用品、配餐品准备齐全，摆放协调，洁净、卫生、无破损</td><td></td><td></td></tr>
<tr><td rowspan="8">餐中服务</td><td rowspan="2">迎宾服务</td><td>1. 准确、规范地使用礼貌用语，热情、规范地微笑迎宾</td><td></td><td></td></tr>
<tr><td>2. 为宾客提供规范的拉椅让座、冰水服务</td><td></td><td></td></tr>
<tr><td rowspan="3">上菜服务</td><td>1. 上菜流程和标准正确</td><td></td><td></td></tr>
<tr><td>2. 正确选择上菜位置，上菜动作规范、准确，准确报菜名，简单介绍菜品特点</td><td></td><td></td></tr>
<tr><td>3. 规范摆放，操作安全</td><td></td><td></td></tr>
<tr><td rowspan="3">席间服务</td><td>1. 准确选择斟倒酒水饮料的位置，采用标准姿势和顺序为客人斟倒酒水饮料；斟倒酒水饮料的量要恰当，操作安全</td><td></td><td></td></tr>
<tr><td>2. 按规范正确、及时地撤换餐具、整理餐台</td><td></td><td></td></tr>
<tr><td>3. 正确、及时地处理客人用餐期间的常见问题</td><td></td><td></td></tr>
</table>

续表

评价内容		评价标准	评价	
			小组互评	教师评价
餐后服务	结束工作	1. 礼貌送客		
		2. 按要求收拾餐台		
总　评：		优秀 □　　良好 □　　基本掌握 □		
自我评价：				
教师建议：				

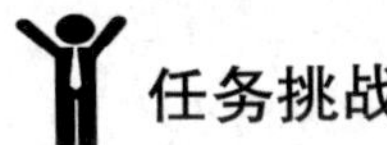

任务挑战

请根据所给菜单，分小组模拟情景表演，抽选一组服务对象完成对客提供欧陆式服务。

⊙ 一对老夫妇，看上去约 60 多岁，到餐厅用早餐。

⊙ 一位年轻的女士带一位 4 岁多的孩子前来用早餐。

附：早餐菜单

* 水果类 FRUITS

任选冰冻果汁一款（橙汁 \ 菠萝汁 \ 西柚汁 \ 苹果汁 \ 番茄汁）　20 元

Choice one of Fresh Juice（Orange\ Pineapple\Apple\Tomato\ Grapefruit）　RMB20

任选鲜榨果蔬汁一款（ 西瓜汁 \ 胡萝卜汁 \ 青瓜汁 \ 玉米汁）　25 元

Choice one of Vegetable Juice（Watermelon\ Carrot\ Green Cucumber\Corn）　RMB25

新鲜水果盘（西瓜 \ 哈密瓜 \ 苹果 \ 香蕉）　48 元

Fresh Fruits（Watermelon\ Hami Melon\Apple\Banana）　RMB48

烩水果（菠萝 \ 苹果 \ 香梨 \ 香蕉）　30 元

Fruits（Pineapple\Apple\ Aludel\ Banana）　RMB30

* 精选谷麦 COARSE GRAINS

麦片粥	20 元
Porridge	RMB20
玉米片	20 元
Samp	RMB20
脆米	20 元
Fried Rice	RMB20
干果麦片	20 元
Dry Fruit Cornmeal	RMB20
全麦片	20 元
Cornmeal	RMB20
各式酸奶	20 元
Yogurt	RMB20

* 特色早餐 ESPECIAL BREAKFAST

早餐班戈	20 元
Breakfast Pancake	RMB20
法式土司	20 元
French Toast	RMB20
国际芝士盘	35 元
Int'l Cheese	RMB35
中式生滚粥配小菜	25 元
Chinese Alive Congee with Fixings	RMB25
皮蛋瘦肉粥配小菜	25 元
Lean Meat Preserved Egg Congee with Fixings	RMB25
鲜鱼片粥配小菜	25 元
Fresh Sliced Fish Congee with Fixings	RMB25
鸡肉粥配小菜	25 元
Chicken Congee with Fixings	RMB25
牛肉粥配小菜	25 元
Beef Congee with Fixings	RMB25

潮州白粥配小菜　　25 元
Chaozhou Rice Congee with Fixings　　RMB25

鸡蛋类 Eggs Cooking

新鲜鸡蛋两只，任选款式（配火腿 \ 香肠 \ 烟肉 \ 时蔬）　　35 元
Two Fresh Eggs（Ham\ Sausage\ Bacon\Vegetables）　　RMB35

鸡蛋奄列，任选一款（火腿 \ 蘑菇 \ 芝士 \ 番茄 \ 洋葱 \ 烟肉 \ 大葱）　　35 元
Egg Omellet（Ham\Mushroom\Cheese\Tomato\Onion\Bacon\Green Onion）　　RMB35

英式水波蛋配火腿面包　　35 元
English Poached Eggs with Ham Bread　　RMB35

炒鸡蛋，任选一款（火腿 \ 香肠 \ 烟肉 \ 芝士 \ 洋葱 \ 小葱 \ 番茄 \ 蘑菇）　　35 元
Fried Eggs（Ham\Sausage\Bacon\Cheese\Onion\Chives\Tomato\Mushroom）　　RMB35

* 饮品类 BEVERAGES

伯爵茶　　38 元
Earl Grey Tea　　RMB38

红茶　　38 元
Black Tea　　RMB38

绿茶　　48 元
Green Tea　　RMB48

热巧克力　　28 元
Hot Chocolate　　RMB28

热牛奶　　28 元
Hot Milk　　RMB28

意大利特浓咖啡　　28 元
Italian Espresso　　RMB28

无咖啡因咖啡　　28 元
Decaffeinated Coffee　　RMB28

任务3 西式自助早餐

西式自助早餐根据标准不同，其档次也相差很大。但一般的自助餐早餐的布置、用料及菜品的种类大多是西餐中的煎、煮、炸类餐品，再配上些黄油、面包、甜点、饮料作为辅助。餐品类型丰富，融合了各类西式早餐的菜肴品种，给客人以更多的选择。如果自助早餐的标准较高，餐厅会安排厨师现场制作一些烤、炒类菜品，客人现点现食，以保证菜品新鲜程度。

自助早餐的档口布置，根据餐品的内容确定：果汁类、水果类、谷麦类、鸡蛋类、肉类、面包类和热饮类等。

任务描述

此时正是早餐用餐的高峰期，服务员们都在忙碌着，没留意一位先生推着一位坐轮椅的老人进了餐厅，此时，迎宾员小吴赶紧迎上前打招呼。客人提出希望帮忙安排一个靠近餐台的桌位，以便就近拿取餐品和照顾老人。小吴查看了一下记录，面露难色。

请根据客人的需求，帮助小吴做好此次接待服务。

任务要求

1. 熟悉西式自助早餐的构成以及服务要求。
2. 掌握西式自助早餐技能服务标准。

3. 在服务过程中，能够了解客人心理需求，灵活沟通，热情服务。

任务实训

提供西式自助早餐服务

自助早餐服务一般应完成餐前准备工作、开餐前的准备工作、餐中服务工作、餐后收尾工作四个流程，具体内容如下。

工作流程	实施步骤	内容及要求
一、餐前准备工作	1. 预订情况分析 ________ ________	________ ________ ________ ________
二、开餐前的准备工作	1. 检查仪容仪表 ________ ________	________ ________ ________ ________
三、餐中服务工作	1. 迎宾引领 ________ ________	________ ________ ________ ________
四、餐后收尾工作	1. 结账收银 ________ ________	________ ________ ________ ________

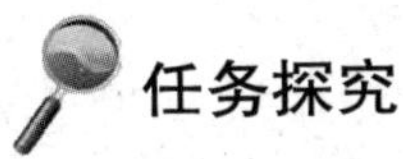

任务探究

一、自助早餐准备工作

（1）检查自身仪容仪表，准备上岗。

（2）到前台领取餐厅钥匙，察看早餐预计人数单了解当天早餐预计详情、团队散客用餐时间及比例（客人数量达到250人以上应准备开放多功能厅）。

（3）开餐厅大门，开餐厅带灯及走廊灯（检查全场灯光是否正常）。

（4）开餐厅空调，合理调节室温（标准室温 24℃），开空调应闭合所有窗户及窗纱。

（5）检查地板卫生、桌面卫生，所有桌面纸巾、牙签是否齐全。

（6）检查早餐台卫生，准备充足的各式餐具，保证台面餐具干净无水渍。

（7）布菲炉、粥桶注入温水 2 厘米高。

（8）布菲炉添加酒精，点火预热（请参照酒精添加注意事项）。

（9）打开粥桶、恒温炉、热水器、蒸笼电源提前预热。

（10）根据标准比例调配出品各式冷热饮，包括橙汁、柠檬水、红茶、咖啡、豆浆等。豆浆和咖啡旁各准备糖盅、不锈钢勺和搅拌棒。

（11）出品冷菜六款，摆放时注意荤素、颜色、口味搭配。

（12）出品糕点两款，摆盘要注意干净美观，糕点不可出盘边，盘内无面包屑。

（13）出品布菲炉内热菜，冬天时应注意保温。

（14）出品白粥及其他粥类，应保持粥桶外围干净。

（15）出品沙拉 2~3 款，跟配沙拉酱。

（16）出品油条、菜包、馒头等其他早餐食物。

（17）所有菜品配备相应的餐夹、公勺。

（18）早餐台所有食物准备齐全后，检查对应菜牌是否摆放规范齐全。

（19）准备收餐车放至角落位置，收餐工具、托盘、抹布准备至工作台。

（20）将早餐指示牌擦拭干净摆至餐厅大门口。

（21）再次检查自身仪容仪表和早餐准备工作，各就各位。

二、早餐服务

（一）迎宾员服务程序

（1）事先了解当天早餐预订详情、团队散客用餐时间及比例。

（2）上岗前检查妆容，衣着干净、精神饱满、面带微笑。

（3）两手自然下垂交叉于身前，挺胸、平视地站在餐厅咨客台旁等待客人的到来。

（4）客人来时，亲切、友善地问候客人，使用礼貌用语：“早上好，欢迎光临”。

（5）如遇到客人不确定是否在此用餐时，应以真诚友善的态度告之客人这里就是他（她）所要用餐的地方。

（6）主动向前伸出双手从客人手上接过餐券，并礼貌地指引客人进入餐厅用餐，使用礼貌用语："这边请"。

（7）如客人忘记带餐券，应向客人解释凭餐券用餐，并示意抱歉。不少酒店亦可刷房卡用餐。

（8）如客人无餐券，应向客人介绍早餐票价标准，相应地收取费用。

（9）客人有行李时，应主动帮客人放置行李，并负责看管。

（10）客人需要帮助时，应第一时间为客人服务，如不能处理，则立即上报领班，由领班负责为客人解决问题。

（11）客人投诉时，应第一时间致歉，认真听取客人意见，上报领班妥善处理。

（12）统计好当前已用餐人数，了解预计还将用餐人数及团队用餐情况，通知布菲员控制菜肴出品。

（13）客人离开时，热情礼貌送客，眼光平视客人，使用礼貌用语："请慢走，欢迎下次光临"。

（14）提醒客人带好随身物品及行李。

（15）收市时应及时统计出当日实际用早餐人数，并开单至前台签字入账。

（二）布菲员服务程序

（1）开餐前预先检查餐台上菜肴出品是否齐全，菜牌是否摆放到位，菜品质量是否合格，各保温炉是否处于保温或加热状态，餐具是否齐全，各式调味品是否准备充足，装饰物是否整洁美观、摆设规范。

（2）预先了解餐台所有菜品的名称、产地、口味及大致的制作过程。

（3）预先了解当日团队及散客用餐高峰期分布。

（4）准备清洁工具。干净抹布或餐巾及不锈钢夹。站在自助餐台入客方向端，等待迎接客人用餐。

（5）客人开始取自助餐时，打开所有保温炉盖，主动指引客人拿取餐碟。

（6）开始巡视餐台，随时注意所有菜肴剩余分量。

（7）添菜原则包括：①布菲炉内热菜剩余1/3时应立即通知厨房加菜。②蛋糕、面包针对团队和散客区别供应，如供应不足时应提前告知领班。③咖啡应准备充足，咖啡杯及咖啡勺等应及时补充。④橙汁、牛奶、咖啡二次添加时应估计所需量进行调制（半桶为宜），应保证口感，同时不可调制过量造成浪费。⑤所有菜品二次添加时应注意保持餐台卫生及摆盘美观。⑥ 9 点应及时增加部分菜品。9 点过后加菜应事先告知厨房预计剩余用餐人数。

（8）巡台流程。从餐台一端顺时针依次检查菜品分量和菜品质量、餐台及容具卫生、餐具数量。

（9）自助餐台服务应特别注意餐台卫生，包括以下几点。

①冷菜盘边缘应保持干净，使用餐巾擦拭溢出汤汁，餐台上不可有残留菜物。

②随时归位被客人混用的自助餐夹，脏的餐夹及时更换。

③添菜时间不得超过 2 分钟，空位应摆放正在添菜提示牌。

④餐中应随时关注酒精燃烧情况，及时添加酒精保证炉温。

⑤餐台上发现有破损，有污渍餐具应立刻撤走。

⑥发现菜品有问题应立即撤走并报备领班处理。

⑦整理餐台时遇到客人在拿取菜品时应让出位置，不能让客人等候。

⑧任何情况下不得使餐台上餐具空缺。

（10）随时观察客人动向及客人需求，主动为客提供高效、细心、周到的服务与帮助。

（11）按照巡台流程及时发现并处理餐台问题，中途不得脱岗，保证自助餐台菜品质量和服务质量直到收市。

（三）值台服务员服务程序

（1）上岗前应确定服务区域，并于区域内准备齐全收台工具：收餐车、托盘、抹布和不锈钢夹等。

（2）检查餐桌及工作台所备物品是否齐全。

（3）客人来时应第一时间问候，引导客人落座，并主动帮客人拉椅。使用礼貌用语：“早上好，这边请坐”。

（4）客人快要喝完饮品时应主动询问客人是否要再加一杯饮品还是更换其他饮品。

（5）客人到自助餐台取食物时，及时清洁餐台（如帮客人叠好餐纸，空的杯、盘及时清走，清理桌面垃圾等）。

（6）看见客人停止用餐时应主动询问客人是否可以收走台面的其他餐具。

（7）当客人离开时，应主动帮助客人拉椅，并提醒客人带好随身物品。

（8）餐桌上用品不足时应及时添加。

（9）区域内地板上有杂物应使用不锈钢夹夹起放入垃圾桶。

（10）客人提出问题时应停止手上工作礼貌回答问题，并提供帮助。如不能解决应立即上报领班处理。

（11）遇到客人投诉，应第一时间致歉，并了解详细缘由，上报领班处理。

（12）当客人离开时每位员工都应向客人致道别语："请慢走，请带好您的随身物品，欢迎下次光临"。

（13）所在区域空闲时应主动帮助其他同事，互相配合以提高工作效率。

（14）明档区域服务员应主动帮助客人将所点食品送至餐桌，配上调味品并主动询问客人是否需要添加。

（15）服务员站岗应合理选择位置，确保餐厅内所有用餐的客人都能得到所需的服务。

（16）收台步骤：使用托盘撤走台面餐具—擦拭台面—摆放好桌上用品—对齐餐椅—餐具撤至收餐车—收下一张台。

（17）收台注意事项包括：①收台时托盘应托于左手上，不得放在台面。②不得在客人面前整理餐盘垃圾。③收台时，托盘不能举过客人上方，避免脏物滴到客人身上。④收台时应注意餐具轻拿轻放，避免影响客人用餐。⑤不可使用过湿的抹布擦拭台面，以免残留水渍。⑥不可使用过干的抹布擦拭台面，以免台面污渍残留。⑦擦完桌面同时应习惯性摆好桌面物品。⑧空位餐椅应及时归位，摆放整齐，等待下一批客人用餐。⑨收餐车应及时推回洗碗房，餐具应分类摆放整齐，避免造成破损。⑩收台过程中应同时关注区域内其他客人动向，避免冷落客人，或者未能及时发现其他问题。

三、餐后收尾工作

（1）自助餐结束时，应由迎宾通知客人。程序为：在客人身后稍站，然后说："对不起，打扰了，我们的自助餐结束时间到了，您如果还要取食品的话，麻烦您一次多取一些放在餐桌上可以吗？"然后得到客人的允许方可准备收餐。

（2）布菲员关闭保温炉在点燃的固体酒精，同时关闭所有餐台使用电源。

（3）先回收所有餐台上使用餐夹及密封各类调料酱汁。

（4）准备收餐车两辆以上，厅面人员配合将所有菜品回收到餐车上，摆放整齐，不得重叠放置。

（5）将餐车推回至后厨由厨房人员负责回收菜品。

（6）打暗厅面灯光，关闭空调和电视。如还有人员用餐应保留部分灯光及空调以免影响客人用餐。

（7）将门口早餐指示牌收回餐厅。

（8）早餐收市卫生工作内容：①餐台及明档台面卫生。②餐桌及工作台卫生。③迎宾台及收银台卫生。④传菜部卫生。⑤地面卫生。

（9）严格按照早餐收市卫生检查表进行全餐厅区域卫生检查。

（10）收市卫生注意事项：①布菲炉、粥桶、蒸笼内的水每日更换。②明档及餐台所有调味品应密封放置。③所有不锈钢类容器需擦拭至明亮无污渍且无水渍，避免生锈。④传菜部所有饮料调粉要用木夹密封，柜台门应闭合。⑤餐台脏的台布、餐巾等一律需要更换。⑥地板每日需吸尘，吸尘器需定期清理。⑦餐台及餐桌底下地板卫生需检查，全场吸尘无死角。⑧垃圾桶每日更换，后门堆放大垃圾桶每日清理。⑨所有餐车擦拭干净、摆放整齐。

（11）早班例行会议。由经理或领班主持每日例行会议，会议内容主要为：前日工作事宜完成与未完成情况；前日及本日工作中存在问题总结与分析；本日早餐工作情况；今日预订详情及工作事项；今日人员班次安排及安排休息事宜；餐厅最新动态及工作计划。

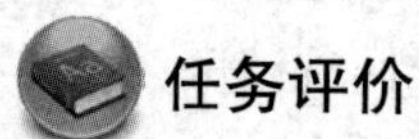

任务评价

评价内容	评价标准	评价	
		小组互评	教师评价
餐前准备	1. 在5分钟内完成西式自助早餐摆台，做到动作准确和规范、操作卫生		
	2. 正确、规范地完成早餐各项服务工作		
	3. 餐具用品、配餐品准备齐全，摆放协调，洁净、卫生、无破损		

续表

评价内容		评价标准	评价	
			小组互评	教师评价
餐中服务	迎宾服务	1. 准确、规范地使用礼貌用语，热情、规范地微笑迎宾		
		2. 为宾客提供规范的拉椅让座、冰水服务		
	上菜服务	1. 上菜流程和标准正确		
		2. 正确选择上菜位置，上菜动作规范、准确		
		3. 规范摆放，操作安全		
	席间服务	1. 准确选择斟倒酒水饮料的位置，采用标准姿势和顺序为客人斟倒酒水饮料；斟倒酒水饮料的量要恰当，操作安全		
		2. 按规范正确、及时地撤换餐具、整理餐台		
		3. 正确、及时地处理客人用餐期间的常见问题		
餐后服务	结束工作	1. 礼貌送客		
		2. 按要求收拾餐台		
总　评：		优秀 □　　良好 □　　基本掌握 □		
自我评价：				
教师建议：				

任务挑战

早餐快结束了，匆匆走来两位客人想要用早餐，请分小组完成客人背景的分析，模拟情景练习对客服务。

⊙ 客人身份、年龄等情况可自行设定。

⊙ 餐厅营业状况分为已收市和未收市两种情况。

【知识链接】

自助餐的来历

据说，自助餐的真正起源是11世纪北欧的斯堪的纳维亚半岛，那时的海盗们每有所获的时候，就要由海盗头目出面，大宴群盗，以示庆贺。但海盗不熟悉也不习惯当时中西欧吃西餐的繁文缛节，于是便独出心裁，发明了这种自己到餐台上自选、自取食物及饮料的吃法。以后的西餐业者将其进行规范化，并丰富了吃食的内容，就成了今日的自助餐。很多西方专业自助餐厅现在还冠以“海盗餐厅”的名字，缘由于此。

项目五　浪漫情调的午晚餐

西餐的午晚餐相对早餐比较丰盛，讲究以下 6 个“M”：Menu（菜谱）、Music（音乐）、Mood（气氛）、Meeting（会面）、Manner（礼节）和 Meal（食品）。

其特点有：①重视各类营养成分的搭配组合；②选料精细讲究；③口味香醇、浓郁；④单独烹制调味沙司；⑤注重菜肴烹制的鲜嫩程度。

学习目标

* 理解各种类型的午晚餐服务；
* 熟悉西式午晚餐服务的标准及要求；
* 掌握西式午晚餐服务的基本流程；
* 增强服务中规范、细致的职业能力；
* 具备有效的协调及沟通能力；
* 提升自我管理的专业素养。

任务1　俄式晚餐服务

沙皇俄国时代的上层人士非常崇拜法国，贵族不仅以讲法语为荣，而且饮食和烹饪技术也主要学习法国。但经过多年的演变，逐渐形成了自己的烹调特色。俄国人喜食热食，爱吃鱼肉、肉末、鸡蛋和蔬菜制成的小包子和肉饼等，各式小吃颇有盛名。

俄式菜肴在西餐中影响较大，一些地处寒带的北欧国家和中欧南斯拉夫民族人们日常生活习惯与俄罗斯人相似，大多喜欢腌制的各种鱼肉、熏肉、香肠、火腿以及酸菜、酸黄瓜等。

任务描述

一对夫妻走进西餐厅，迎宾员将客人引领至一个环境优雅的雅座。值台服务员立刻上前问候，为客人递呈上菜单，斟倒好冰水。两位客人各自点的菜品是：女士——开胃头盆鱼子酱、罗宋汤、俄式鸡腿卷、酸奶冰激凌和咖啡；男士——腌制酸黄瓜、奶油汤、综合蔬菜沙拉、彼得肉饼、裸麦面包和一杯伏特加。

请根据客人的需求，为其提供晚餐服务。

任务要求

1. 熟悉俄式晚餐的构成以及服务要求。
2. 掌握俄式晚餐技能服务标准。
3. 了解客人心理，主动服务，注意细节。

任务实训

提供俄式晚餐服务

俄式晚餐服务一般应完成餐前准备工作、开餐前的准备工作、餐中服务工作、餐后收尾工作四个流程，具体内容如下：

工作流程	实施步骤	内容及要求
一、餐前准备工作	1. 预订情况分析 ______ ______ ______	______ ______ ______ ______
二、开餐前的准备工作	1. 检查仪容仪表 ______ ______ ______	______ ______ ______ ______
三、餐中服务工作	1. 迎宾引领 ______ ______ ______	______ ______ ______ ______
四、餐后收尾工作	1. 结账收银 ______ ______ ______	______ ______ ______ ______

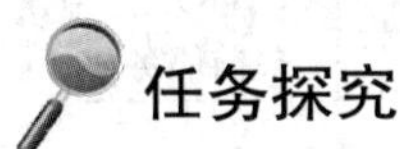

任务探究

一、俄式菜肴特点

俄国多方面吸收了欧洲其他国家，尤其是法国菜的长处，并根据自己国家居民的生活习惯逐渐形成了独具特色的菜式。

俄式菜的特点包括：（1）俄式菜肴口味较重，喜欢用油，制作方法较为简单。（2）口味以酸、甜、辣、咸为主，酸黄瓜、酸白菜往往是饭店或家庭餐桌上的必备菜。（3）烹调方法以烤、熏腌为特色，特别爱吃烟熏的咸鲟鱼和鲑鱼等。

常用原料有红鱼子、黑鱼子、洋葱、柠檬、酸黄瓜、酸菜等。点心类油炸的居多，还喜欢吃用鱼肉、碎肉末、鸡蛋和蔬菜制成的荤素包子。著名菜肴有：莫斯科红菜汤（又名罗宋汤）、黄油鸡卷、鱼子酱、冷鲑鱼、酸黄瓜汤、红烩牛肉、串烤羊肉和莫斯科式烤鱼等。

二、俄式服务特点

第一，俄式服务是西餐普遍采用的一种服务方法，起源于俄国沙皇时代，因需要使用大量的银制餐用具而被称为“银盘式服务”。

第二，俄式服务的餐桌摆台与法式的餐桌摆台几乎相同，但是，两者的服务方法有较明显的区别。俄式服务讲究优美文雅的风度，每一个餐桌只需要一位服务员，将装有整齐和美观菜肴的大浅盘端给所有顾客过目，让顾客欣赏厨师的手艺，并刺激顾客的食欲。服务员将菜肴分给每一位顾客，使每一位顾客都能得到尊重和较周到的服务。俄式服务的方式简单、快速，因此，它的服务效率和餐厅空间的利用率都比较高。

三、俄式服务流程

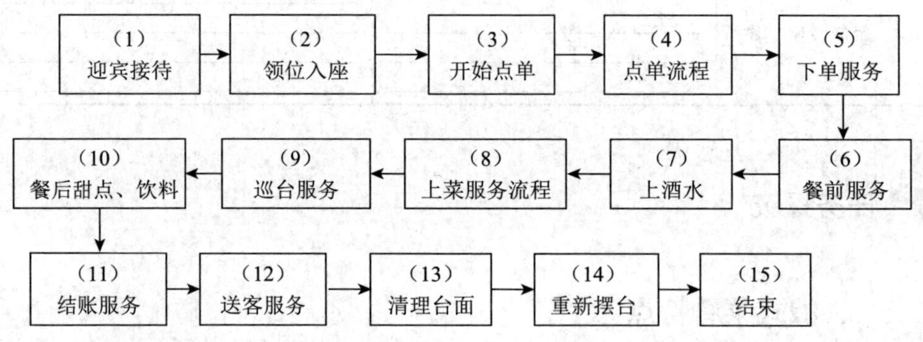

（一）餐前准备

1. 仪容仪表整理

（1）按规定穿好工作服，左胸上方佩戴好名牌，便于客人辨识。

（2）着装整洁合适，无破损，丝袜无破洞和跳丝。

（3）按规定着黑色皮鞋，光亮整洁。

（4）指甲长短符合要求，不涂指甲油。

（5）女服务员保持淡雅妆容，眼影、口红适宜，头发整齐，发角不过耳，前发不盖眉。工作时间不佩戴夸张的戒指、手镯、耳环、项链等。

（6）工作时间不喷洒气味重的香水，班前不吃异味重的食物，不饮含酒精饮料。

（7）精神饱满地提前到岗签到，接受领班分配的任务。

2. 餐前准备工作

（1）检查餐厅照明、空调、背景音乐的运行是否正常。

（2）检查服务用具，保证工作柜干净整洁、用品齐全，并准备充足的翻台用品。

（3）检查桌椅是否对齐，桌面调味品是否补充到位，备好冰水。

3. 西餐午晚餐摆台

（1）西餐午、晚餐需铺设台布。要求台布正面朝上、平整洁净，四角下垂均等。

（2）装饰盘放在餐位的正中，对准餐椅中线，盘边距离桌边 1 厘米。餐巾花放在盘中间，餐巾花正面朝向客人。

（3）刀、勺、叉由内向外分别摆放在装饰盘两侧，柄部距桌边 1 厘米。

（4）面包盘摆在餐叉左侧 1 厘米处，面包盘中心与装饰盘中心对齐。黄油刀刀口朝面包盘盘心，放在面包盘中线右侧。

（5）在餐刀刀尖正上方摆放水杯，杯底中心在餐刀的中心线上，杯底距餐刀尖 2 厘米。酒杯摆放在水杯右侧，杯肚之间相距 1 厘米。

（6）根据餐厅要求，在餐桌上摆放胡椒瓶、盐瓶，二者之间相距 1 厘米，牙签筒放在胡椒瓶、盐瓶之间中线上方 2 厘米处。

（7）在餐桌正中可放花瓶，还可装饰烛台。

（8）如果客人点了其他菜肴，应在以下这套餐具的基础上再相应增加或调整与之相配套的餐具。

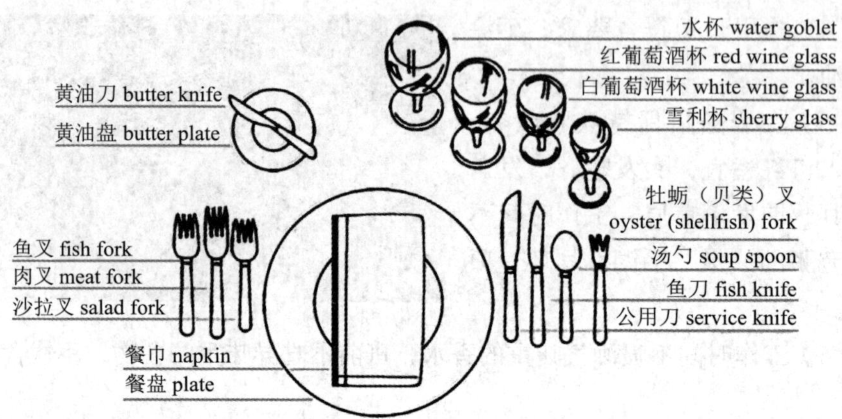

4. 班前会

（1）按要求站好，仔细聆听客情和客人饮食习惯。

（2）清楚自己负责的区域。

（二）迎宾服务

1. 迎接客人

如客人有预订，应热情地引领客人入座；如果客人没有预订，则引领客人到适当的餐桌就座。

2. 领位

询问客人用餐人数后，礼貌、热情地将客人引领至其满意的餐桌。“这边请，您看这张餐台您满意吗？”引领客人时，应注意与客人的距离，切忌只顾自己走在前面，把客人落在后面。

3. 拉椅让座，递呈菜单

拉椅时，应站在餐饮的正后方，在客人即将坐下时，双手扶住椅背两侧，用右膝盖顶住。拉椅的动作应迅速、敏捷，力度要适中，不可用力过猛，以免碰撞到客人。将菜单的首页打开正面呈现给客人，询问客人是否现在点菜还是先了解菜单。服务员应主动做好推荐服务。

4. 斟倒柠檬水或冰水

询问客人是否饮用柠檬水或冰水，站在客人的右侧，左手搭放服务巾，右手持壶，为其斟倒饮用水。柠檬水或冰水的斟倒量是八分满。

（三）餐中服务

1. 推销餐前饮品

____

2. 上餐前饮品

____

3. 递送菜单

按照女士优先、先宾后主的原则为客人点菜。

4. 撤下餐前饮品

____

5. 送上酒单，介绍餐酒

____

6. 酒水服务

____

7. 上菜的方法

服务员先用右手从客人右侧依照顺时针方向依次送上相应的空盘。上空盘时，服务员应特别注意盘子的温度，如上冷菜时应使用即未加热的餐盘，而上的是热菜时则应使用加过温的餐盘，以便保持食物的温度。所有菜肴在厨房全部制熟，每桌的每一道菜肴放在一个大浅盘中，然后服务员从厨房中将装好的大银盘（热菜盖上盖子）用肩上托的方法送到客人的餐桌旁。服务员用左手以胸前托盘的方法，用右手操作服务叉和服务勺，从客人的左侧分菜。分菜时按照逆时针方向进行。需要特别注意的是，俄式服务中，服务员在撤下用过的盘子、斟倒酒水及上汤时，都从客人的右侧按顺时针方向进行。

8. 席间服务

（1）主动为客人添加饮品，酒杯里的酒不得少于 1/3。

（2）烟灰缸里的烟头不得多于 2 个。

（3）在客人的右侧按照顺时针方向撤换餐碟。

（4）要等整桌客人均吃完同道菜后再撤掉餐碟，千万不能出现还有客人未吃完，却撤走了客人的餐具，这样就如同在催促客人用餐，极不礼貌。

9. 询问客人意见

当菜品上到 1/3 时，领班应主动上前询问客人对食品及服务质量的意见。

10. 清洁桌面

当客人用完主菜后，除水杯（包括有饮料的果汁杯）、烟缸，应将其他餐具撤下，按顺时针的方向进行。

11. 上甜品、咖啡、茶

（四）餐后结束服务

1. 结账

餐后的结账工作是收尾工作的重要部分之一。快捷为客人结算账单，清楚解答客人的疑问，询问客人用餐意见，并对客人表示感谢。

2. 礼貌送客

送客是礼貌服务的具体体现，是西餐厅对宾客的尊重、关心、欢迎和爱护。

3. 整理工作

整理工作包括检查西餐厅是否有客人遗留物品、整理餐台、做好翻台准备或清洁卫生。

任务评价

<table>
<tr><th colspan="2" rowspan="2">评价内容</th><th rowspan="2">评价标准</th><th colspan="2">评价</th></tr>
<tr><th>小组互评</th><th>教师评价</th></tr>
<tr><td colspan="2" rowspan="2">西餐厅俄式服务</td><td>1. 在 20 分钟内完成俄式晚餐摆台，做到动作准确、程序规范</td><td></td><td></td></tr>
<tr><td>2. 正确、规范地完成开餐各项服务工作</td><td></td><td></td></tr>
<tr><td rowspan="2">餐前准备</td><td rowspan="2">摆台服务</td><td>1. 餐具用品、配餐品准备齐全、摆放协调，洁净、卫生、无破损</td><td></td><td></td></tr>
<tr><td>2. 摆台达到操作卫生、规范的标准</td><td></td><td></td></tr>
</table>

续表

评价内容		评价标准	评价	
			小组互评	教师评价
餐中服务	迎宾服务	1. 准确、规范地使用礼貌用语，热情、规范地微笑迎宾		
		2. 为宾客提供规范的拉椅让座、冰水服务		
	上菜服务	1. 上菜流程和标准正确		
		2. 正确选择上菜位置，上菜动作规范、准确，准确报菜名，简单介绍菜品特点		
		3. 规范摆放，操作安全		
餐中服务	席间服务	1. 准确选择斟酒位置，采用标准姿势和顺序为客人斟酒；斟酒量恰当，操作安全		
		2. 按规范正确、及时地撤换餐酒具、整理餐台和提供毛巾服务		
		3. 正确、及时地处理晚餐中的常见问题		
餐后服务	结束工作	1. 礼貌送客		
		2. 按要求收拾餐台		
总　评：		优秀 □　　良好 □　　基本掌握 □		
自我评价：				
教师建议：				

任务挑战

请给客人所点菜品选配餐具。

⊙客人所点餐品　　　　所搭配的餐具

虾仁鸡尾杯

洋葱汤

蘑菇焗鳟鱼

T 骨牛排

黑森林蛋糕

黑咖啡

【知识链接】

特色俄式餐厅简介

一、华梅西餐厅

到哈尔滨，最不能错过的老字号的俄式餐厅，就是家喻户晓、位于中央大街上的华梅西餐厅，它是哈尔滨的一张美食名片。曾几何时，哈尔滨华梅西餐厅与北京的马克西姆西餐厅、上海红房子西菜馆、天津起士林并称为“中国四大西餐厅”。

华梅西餐厅有着悠久的历史，华梅西餐厅最初的主人是位俄罗斯人。1925年俄国人楚吉尔曼在当时的东北第一大城市哈尔滨道里区西八道街上创建了一家俄式西餐茶食厅，当时营业面积只有70多平方米，主要经营俄式西餐茶食小吃。1925—1956年，餐厅几易主人，他们中有俄国人、德国人，波兰人、捷克人和中国人，1959年公私合营后改制为国营企业，迁址到现中央大街112号，改名为华梅西餐厅。华梅西餐厅以经营俄式西餐为主，兼营法意式菜系，建筑和饮食风格被认为是富有浓郁特色的哈尔滨文化的主要标志之一。1937年的哈尔滨当时有西餐馆260家，大多云集在中央大街两侧，而华梅西餐厅是最受欢迎的西餐馆之一。俄式大菜、纸包小牛肉、软炸鸡脯、罐牛尾、法国蛋、炸板虾都是华梅的风味菜肴。如果想享受一下正宗的俄式大餐，在华梅西餐厅绝对可以如愿以偿。

二、马迭尔西餐厅

马迭尔的名字早在20世纪就已闻名遐迩，与之相辉映的马迭尔美食更是家喻户晓，尽人皆知。这里的烹饪技术堪称一流，是名师名厨荟萃之地。它培养造就了一代又一代烹饪大师、摆台技师、服务能手。如今在改革开放的大潮中，马迭尔美食也更加兴旺发达。在这里您不仅可以品尝到数百种中、西名菜，还能体验到独一无二的飞龙宴、扇贝宴、鳇鱼宴、冰雪宴等风味宴席。昔日的风采，今朝的辉煌，马迭尔的美食声誉越来越高，它是哈尔滨这座美丽城市的骄傲。

任务 2　英式晚餐服务

通常提到英国美食首先想到的是英式下午茶，其次就是炸鱼配薯条。和欧洲其他国家相比，英国菜在烹饪上极为简单，崇尚口味清淡、原汁原味。英国菜可以用一个词来形容——简单。其制作方式只有两种：放入烤箱烤或者放入锅里煮，做菜时什么调味品都不放，吃的时候再依个人的爱好放些盐、胡椒或芥末、辣酱油之类。

1066 年，法国的诺曼底公爵威廉继承了英国王位，带来了灿烂的法国和意大利的饮食文化，为传统的英国菜打下基础。但是受地理及自然条件所限，英国的农业不是很发达，而且英国人也不像法国人那样崇尚美食，因此英国菜式相对来说比较简单，但英式早餐却比较丰富，英式下午茶也是格外的丰盛和精致。

任务描述

汤姆准备向热恋多年的女友求婚，思量了很久，他决定在本地有名的一家西餐厅邀请女友去过周末，同时给她一份惊喜。餐厅接受了汤姆的预订和特殊服务请求，早早地预留了餐桌并做好了准备，一顿浪漫的英式晚餐即将拉开帷幕。

请根据客人的需求，为其安排好餐桌布置与用餐服务。

任务要求

1. 熟悉英式晚餐的构成以及服务要求。
2. 掌握英式晚餐技能服务标准。
3. 在服务过程中，能够根据客人需求，设计特色服务。

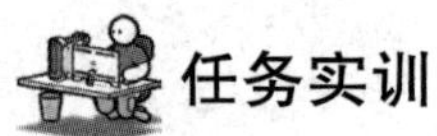

任务实训

提供英式晚餐服务

晚餐服务一般应完成餐前准备工作、开餐前的准备工作、餐中服务工作、餐后收尾工作四个流程，具体内容如下。

工作流程	实施步骤	内容及要求
一、餐前准备工作	1. 客情分析 __________ __________ 2. 特别准备 __________ __________	
二、开餐前的准备工作	1. 检查仪容仪表 __________ __________	

续表

工作流程	实施步骤	内容及要求
三、餐中服务工作	1. 迎宾引领 __________ __________ __________ __________ * 特色服务： __________ __________ __________	
四、餐后收尾工作	1. 结账收银 __________ __________ __________	

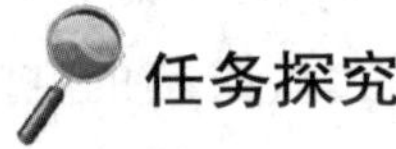

任务探究

一、英式菜肴特点

简洁与礼仪并重是英式西餐的特点，英式菜的特点有如下三点。

（1）选料局限。英国菜选料比较简单，受地理自然条件所限，渔业不发达，所以英国人不讲究吃海鲜，比较偏爱牛肉、羊肉、禽类等。

（2）口味清淡、原汁原味。简单而有效地使用优质原料，并尽可能保持其原有的质地和风味是英国菜的重要特色。英国菜的烹调对原料的取舍不多，一般用单一的原料制作，要求厨师不加配料，保持菜式的原汁原味。英国菜有“家庭美肴”之称，英国烹饪法根植于家常菜肴，因此只有原料是家生、家养、家制时，菜肴才能达到令人满意的效果。

（3）烹调简单、富有特色。英国菜烹调相对比较简单，配菜也比较简单，香草与酒的使用较少，常用的烹调方法有煮、烩、烤、煎、蒸等。常见的英式菜有土豆烩羊肉、牛尾汤、烤羊马鞍、烧鹅等。

英式菜肴的名菜有：鸡丁沙拉、烤大虾苏夫力、薯烩羊肉、烤羊马鞍、冬至布丁、明治排等。

二、英式服务方式

英式服务也称家庭式服务，主要适用于私人宴席。

服务员从厨房里取出烹制好的菜肴，盛放在大盘或热的空盘里，一起送到主人面前，由主人亲自动手切肉装盘，并配上蔬菜，服务员充当主人的助手，将主人分好的菜盘逐一端给女主人、主宾和其他宾客。

各种调料、配菜都摆放在餐桌上，由宾客根据需要互相传递自取。宾客则像参加家宴一样，取到菜后自行进餐。服务员有时需要帮助主人切割食物，因此需要具有熟练的切割技术和令人满意的装盘造型技巧。

英式服务家庭的气氛很活跃，许多服务工作由客人自己动手，用餐的节奏较缓慢。在美国，家庭式餐厅很流行，这种家庭式的餐厅采用英式服务。

三、英式服务上菜顺序

（一）头盘（Appetizer）

开胃头盘又称开胃菜、开胃品，是开餐的一道菜，旨在开胃和刺激宾客的食欲。头盘一般量较少，色泽鲜艳，装饰美观；多用清淡的海鲜、熟肉、蔬菜和水果制作。开胃头盘有冷、热开胃头盘之分。头盘代表菜有：鹅肝酱、鱼子酱、烟三文鱼、生蚝、牡蛎、海鲜鸡尾杯、串烧海虾和油炸云吞等。

（二）汤（Soup）

与中餐不同的是，西餐的第二道菜就是汤。汤类在西餐中占有重要的地位，西方人的饮食习惯是在上热菜之前先喝汤。西餐汤类大都有丰富的鲜味物质和有机酸等，有刺激胃液分泌、增进食欲的作用。

西餐汤的品种较多，可分为冷汤和热汤，热汤又有清汤和浓汤之分。制作要求：原汤、原色、原味。

西餐汤的代表：法国洋葱汤、西班牙冻汤、意大利蔬菜汤、俄国红菜汤、周打蚬汤和牛尾清汤。

（三）沙拉（Salad）

沙拉是用各种凉透了的熟料或是可以直接食用的生料加工成较小的形状后，再加入调味品或浇上各种沙拉汁拌制而成。大都具有色泽鲜艳、外形美观、鲜嫩爽口和解腻开胃的特点。

沙拉按原料来分，可分为蔬菜沙拉、水果沙拉、海鲜沙拉和肉类沙拉。按进餐顺序来分，可分为开胃菜沙拉（即前菜沙拉）、主菜沙拉和甜品沙拉（即餐后沙拉）。

著名的沙拉：厨师沙拉、什锦沙拉、华尔道夫沙拉、苹果芹菜沙拉、鲜虾沙拉和洋葱沙拉等。

汁酱对于沙拉非常重要，常用的沙拉汁有：蛋黄酱（Sauce Mayonnaise）、鸡尾汁（Sauce Cocktail）、油醋汁（Oil Vinegar）、法汁（French Dressing）、千岛汁（Thousand Island Dressing）和罗佛汁（Rofuefort Cheese Dressing）。

（四）主菜（Main Course）

主菜是西餐正餐中最重要的部分，制作讲究，既考虑菜肴的色、香、味、形，又考虑菜肴的营养价值，多用海鲜、牛羊肉、猪肉和禽类作为主原料。

有名的主菜有：西冷牛排、T 骨牛排、肉眼牛排、爱尔兰烩羊肉、美式火鸡、马里兰炸鸡、黄油鸡卷、蘑菇焗鳟鱼、苹果烤鹅、意式焖猪排、鞑靼牛排、红酒烩腰花、巴黎龙虾等。

主菜注重调味汁，主菜调味汁有：配羊排的薄荷汁（Mint Sauce）、薄荷啫哩（Mint Jelly）；配牛排的贝耐汁（Bearnaise Sauce）、培西汁（Bercy Sauce）、博德汁（Bordelaise Sauce）、胡椒汁（Pepper Sauce）、诺曼底汁（Normande Sauce）、芫荽黄汁（Maitred Hotel Butter）、蘑菇汁（Creamy Mushroom Sauce）等；配猪排的苹果汁（Apple sauce）、勃朗汁（Brown sauce）等；配鸡肉家禽的黄汁（Yellow meat-sauce）、车沙汁（Chasseua sauce）、番茄汁（Ketchup）等；配鱼类的荷兰汁（Hollandaise Sauce）、奶酪汁（Morney Sauce）、鞑靼汁（Tartare Sauce）、美国汁（American Sauce）、鳀鱼汁（Anchovy Sauce）和白葡萄酒汁（White Wine Sauce）等。

（五）甜品（Dessert）

主菜过后是甜品，甜品包括奶酪和甜点。食用奶酪时要用胡椒和盐调味，并跟配黄油、面包、芹菜条和胡萝卜等。

甜点有冷热之分，常见有煎饼（Pancake）、烤饼（Scone）、松饼（Muffin）、蛋糕（Cake）、派（Pie）、馅饼（Tart）、冰激凌（Ice Cream）、蛋奶酥（Souffle）、布丁（Pudding）和果冻（Jelly）等。

（六）咖啡或茶（Coffee or Tea）

西餐最后上的是咖啡或茶，服务咖啡和茶时一般要搭配牛奶和糖。

比较常见的茶有：立顿红茶（Lipton Tea）、绿茶（Green Tea）、伯爵茶（Earl Gray Tea）和薄荷茶（Peppermint Tea）等。

比较常见的咖啡有：爱尔兰咖啡（Irish Coffee）、皇室咖啡（Royal Coffee）、意大利特浓咖啡（Espresso）、意大利奶泡咖啡（Cappuccino）、冰咖啡（Iced coffee）和现磨咖啡（Freshly Brewed Coffee）等。

四、菜品与酒水的搭配

西餐中的酒水，一共可以分为餐前酒、佐餐酒、餐后酒三种，它们各自又分为许多具体种类。总的来说，口味清淡的菜式与香味淡雅、色泽较浅的酒品相配，深色的肉禽类菜肴与香味浓郁的酒品相配，餐前选用旨在开胃的各式酒品，餐后选用各式甜酒以助消化。

（一）餐前酒

餐前酒，别名开胃酒。显而易见，它是在开始正式用餐前饮用或在吃开胃菜时与之相配的。一般情况下，在用西餐之前，很多西方客人喜爱饮用一杯具有开胃功能的酒品，如法国和意大利生产的味美思酒（Vermouth）。也有鸡尾酒作为餐前酒的，如血腥玛丽（Blood Mary）。

（二）开胃头盘

西方客人吃开胃头盘时要根据开胃头盘的具体内容选用酒水品种。例如，鱼子酱要用俄国或波兰生产的伏特加酒，虾味鸡尾杯则用白葡萄酒，口味选用干型或半干型。

（三）汤类

不同的汤应配用不同的酒，如牛尾汤配雪利酒，蔬菜汤配干味白葡萄酒等。

（四）沙拉

与沙拉搭配的一般是口味清淡的白葡萄酒或开胃酒，具体要根据沙拉的内容选用酒水品种。

（五）鱼类及海味菜肴和肉类、禽类及各式野味菜肴

西餐里的佐餐酒均为葡萄酒，而且大多数是干葡萄酒或半干葡萄酒。在正餐或宴会上选择佐餐酒，有一条重要的讲究不可不知，即“白酒配白肉，红酒配红肉”。所谓的白肉，即鱼肉、海鲜、鸡肉，吃这类肉时，须以白葡萄酒搭配。所谓的红肉，即牛肉、羊肉、猪肉，吃这类肉时，则应配以红葡萄酒。

（六）奶酪

适合配用香味浓烈的白葡萄酒，有些品种的奶酪可配用波特酒。

（七）甜品

一般配用甜葡萄酒或葡萄汽酒，有德国莱茵白葡萄酒、法国的香槟酒等。

（八）餐后酒

指的是在用餐之后，用来助消化的酒水，最常见的餐后酒是利口酒。这里值得一提的是，西餐在进餐过程中，饮用香槟酒佐餐是件愉快的事，它可以与任何种类的菜式相配。

任务评价

评价内容		评价标准	评价	
			小组互评	教师评价
餐前准备		1. 在20分钟内完成英式晚餐摆台，做到动作准确和规范、操作卫生		
		2. 正确、规范地完成晚餐各项服务工作		
		3. 餐具用品、配餐品准备齐全，摆放协调，洁净、卫生、无破损		
餐中服务	迎宾服务	1. 准确、规范地使用礼貌用语，热情、规范地微笑迎宾		
		2. 为宾客提供规范的拉椅让座、冰水服务		
	上菜服务	1. 上菜流程和标准正确		
		2. 正确选择上菜位置，上菜动作规范、准确，准确报菜名，简单介绍菜品特点		
		3. 规范摆放，操作安全		
	席间服务	1. 准确选择斟酒位置，采用标准姿势和顺序为客人斟酒；斟酒量恰当，操作安全		
		2. 按规范正确、及时地撤换餐酒具、整理餐台和提供毛巾服务		
		3. 正确、及时地处理客人用餐期间的常见问题		
餐后服务	结束工作	1. 礼貌送客		
		2. 按要求收拾餐台		
总　评：		优秀 □　　　良好 □　　　基本掌握 □		
自我评价：				
教师建议：				

任务挑战

任选一案例背景，分小组完成晚餐方案分析、晚餐摆台服务、迎宾服务、菜肴服务、席间服务、结束工作等。

⊙ 商务晚餐服务（背景：某集团公司总裁与另一合作集团总裁就集团战略合作事宜进行私人会面，共进晚餐）。

⊙ 周末家庭聚会晚餐服务（背景：李先生一家周末邀请孩子的几位好友家庭聚会）。

任务3　法式晚餐服务

法式服务又称里兹服务，产生于法国。它是西餐服务方式中最豪华、最讲究、最细致和最周密的一种服务方式。通常，法式服务用于法国餐厅，即扒房。法国餐厅装饰豪华和高雅，以欧洲宫殿式为特色，餐具常采用高质量的瓷器和银器，酒具常采用水晶杯。通常采用手推车或在旁桌现场为顾客加热和调味菜肴及切割菜肴等服务。在法式服务中，服务台的准备工作很重要，通常在营业前做好服务台的一切准备工作。一般由两名服务员共同为一桌客人服务，一名为资深服务员，相当于厨师，主要负责接受客人点菜、菜肴烹制、切割和装盘；另一名为服务员助手，协助资深服务员将客人所点餐单送到厨房、取菜、上菜和撤盘等。

 任务描述

四位外国客人（两男两女）到深圳某四星级酒店的西餐扒房用餐，其中一位客人比较喜欢吃牛扒，一位女客比较喜欢吃海鲜，其余客人对餐品没有特别的要求。请服务员为客人推荐餐品和酒水，并提供服务。

任务要求

1. 熟悉法式晚餐的构成以及服务要求。
2. 掌握法式晚餐技能服务标准。
3. 在服务过程中，能够针对客人需求，灵活沟通，热情服务。

任务实训

提供法式晚餐服务

法式晚餐服务一般应完成餐前准备工作、开餐前的准备工作、餐中服务工作、餐后收尾工作四个流程，具体内容如下。

工作流程	实施步骤	内容及要求
一、餐前准备工作	1. 预订情况分析 ________ ________ ________	特别准备事项有： ________ ________ ________ ________ ________
二、开餐前的准备工作	1. 检查仪容仪表 ________ ________ ________	________ ________ ________ ________
三、餐中服务工作	1. 迎宾引领 ________ ________ ________ ________	法式服务规则有： ________ ________ ________ ________ ________
四、餐后收尾工作	1. 结账收银 ________ ________ ________	________ ________ ________ ________

任务探究

一、法式服务基本概况

（一）法式服务特点

（1）服务周到，每位顾客都能得到充分的照顾，注重服务程序和礼节礼貌。

（2）注重服务表演，注重吸引客人的注意力，客前烹制可以烘托就餐气氛。

（3）服务的客人人数较少，所需服务空间较大，花费较大，服务节奏慢、时间长。餐厅利用率和餐位周转率都比较低。

（二）法式服务规则

（1）所有食品采取右上右撤的原则。

（2）沙拉、面包、黄油采取左上左撤的原则。

（3）每一桌配一名服务员和一名服务助手，配合为客人服务。

（4）客人点菜后，餐品的制作在客人面前完成，半成品请客人过目，然后在带有加热炉的服务推车上完成，装盘后请客人品尝。

（5）每上一道菜都撤掉上一道菜的餐具。

（6）餐品与酒品相匹配。

（7）每上一道菜都必须清理台面。

（三）法式服务方法

1. 传统的二人合作式的服务

传统的法式服务是一种最周到的服务方式，由两名服务员共同为一桌客人服务。其中一名为经验丰富的正服务员，另一名是助理服务员，也可称为服务员助手。正服务员请顾客入座，接受顾客点菜，为顾客斟酒上饮料，在顾客面前烹制菜肴、为菜肴调味、分割菜肴、装盘和递送账单等。助理服务员帮助服务员现场烹调，把装好菜肴的餐盘送到客人面前，撤餐具和收拾餐台等。

2. 上汤服务

当客人点汤后，助理服务员将汤用银盆端进餐厅，然后把汤置于烹调炉上加热和调味，其加工的汤一定要比客人需要量多些，方便服务。当助理服务员把热汤端给客人时，应将汤盘置于垫盘的上方，并使用一条叠成正方形的餐巾，这条餐巾能使服务员端盘时不烫手，同时可以避免服务员把大拇指压在垫盘的上面，汤由正服务员从银盆用大汤匙将汤装入顾客的汤盘后，再由助理服务员用右手从客人右侧服务。

3. 主菜服务

主菜的服务与汤的服务大致相同，正服务员将现场烹调的菜肴，分别盛入每一位客人的主菜盘内，然后由助理服务员端给客人。如正服务员为顾客服务牛排时，助理服务员从厨房端出烹调半熟的牛肉、马铃薯及蔬菜等，由正服务员在客人面前调配作料，把牛肉再加热烹调，然后切割并将菜肴放在餐盘中。正服务员这时应注意客人的表示，看其需要多大的牛排。同时，应该配上沙拉，服务员应当用左手从客人左侧将沙拉放在餐桌上。

二、法式扒房服务

扒房是饭店为体现自己餐饮菜肴与服务水准，满足部分高消费宾客的需求，增加经济收入而开设的高级西餐厅。它是豪华大饭店的象征，以供应法式大餐为主，多采用法式服务。

扒房布置要求高雅、富丽、神秘并具有独特风格，一般的设计主题以欧洲文化艺术为背景。扒房的色彩多以暖色为基调，地毯、餐椅、墙壁要求色调协调。灯光较暗淡，吸顶灯、吊灯、壁灯亮度均能调节，形成一种浪漫、典雅的气氛。扒房所使用的餐具、服务器具既高档又专业化，如银质或镀银的餐叉、餐刀，水晶杯，贵重的烹制车、酒车、甜品车、手推车，精致的瓷器等。扒房的家具也较豪华，如羊皮扶手沙发、精制方形或长方形餐桌、法兰绒桌垫、全棉桌布，等等。

扒房服务员以男性为主，着紧身西装，佩戴领结，或穿燕尾服佩戴领结。女引座员一般着西式拖地长裙，长裙以黑、红等深色居多。所有服务员能熟练地用英语会话，有些扒房还要求服务员懂法语。

扒房的菜单、酒单印制得十分讲究，常常使用革皮封面，通常包括该扒房所经营餐式中的主要大菜和风味食品。扒房的酒水品种齐全，特别注重配齐世界各地所产的著名红、白葡萄酒和其他名牌酒品。

扒房午、晚餐服务程序十分复杂，讲究服务礼仪和操作规范。

（一）餐前准备

1. 准备餐具用具

（1）不锈钢类。主要有头盘刀、头盘叉，汤匙，鱼刀、鱼叉，主餐刀、主餐叉，牛排刀，黄油刀，甜品叉、甜品勺，水果刀、水果叉，咖啡勺，服务叉、服务勺等。另外还应备好龙虾叉、龙虾钳、蜗牛夹、蜗牛叉等用具。

（2）瓷器类。主要有装饰盘及各种规格的餐盘、面包碟、咖啡杯、咖啡碟、椒盐瓶、烟灰缸和花瓶等。

（3）杯具。主要有水杯、红葡萄酒杯、白葡萄酒杯、香槟杯、鸡尾酒杯、利口酒杯和啤酒杯等。

（4）服务用具。主要有托盘、菜单、酒水单、开瓶器、红酒篮、冰桶、烛台、蜡烛、火柴、雪茄打火机、洗手盅和餐巾纸等。

（5）酒水饮料。备好各种酒水饮料、香烟、雪茄等，提前备好冰水。

2. 摆台

法式服务的餐桌上先铺上海绵桌垫，再铺上桌布，这样可以防止桌布与餐桌间的滑动，也可以减少餐具与餐桌之间的碰撞声。装饰盘常采用高级的瓷器或银器等，摆装饰盘时，需将装饰盘的中线对准餐椅的中线，装饰盘距离餐桌边缘 1~2 厘米。装饰盘的上面放餐巾，装饰盘的左边放餐叉，餐叉的左边放面包盘，面包盘上放黄油刀。装饰盘的右边放餐刀，刀刃朝向左方，餐刀的右边常放一个汤匙，餐刀的上方放各种酒杯和水杯。

3. 检查

检查餐厅设施设备、环境卫生、空调温度，检查桌椅是否整齐，检查摆台是否规范，检查面包、黄油是否备好，检查客前烹制车等设备用品，检查个人仪容仪表是否标准等。

（二）餐中服务

1. 迎宾服务

看到客人，迎宾员应主动、礼貌地问候客人，应面带微笑并注意目光接触。询问客人是否有预订，如有预订，询问客人单位或姓名等，并引领至预先安排好的餐桌。如无预订，询问客人用餐人数及需要吸烟区或非吸烟区，为客人安排合适的餐桌并拉椅让座。

2. 递送菜单

客人入座后，值台服务员上前问好并递上打开的菜单，从客人右侧为其铺上餐巾。如是晚餐，应点燃蜡烛。

3. 开胃酒服务

首先询问客人喝什么开胃酒，做相应介绍和推荐。记录客人所点开胃酒，重复点单。去吧台领取开胃酒，为客人服务开胃酒。遵循先女士后男士、先宾后主的原则从客人右侧服务。如客人不需要开胃酒，则为客人倒上冰水。

4. 面包、黄油服务

从客人左侧依次送上面包和黄油，如有多种面包，应先让客人选择，或将面包篮放在桌子的中央。

5. 点菜服务

站在客人右侧为客人点菜，主动介绍推荐菜品。记录客人所点菜品并重复点单，同时应记录客人特殊要求，如牛排制作的成熟度、所需配料、调味汁品种等。及时将点菜单送至厨房。

6. 点酒服务

为客人递上酒水单，根据客人所点的菜品做相应的酒水介绍和推荐，注重菜品与酒水的搭配。记录客人所点酒水并重复点单。

7. 酒水服务

根据客人所点酒水，到吧台领取并准备相应的服务用具及酒杯，如红酒篮、冰桶、开瓶器等。根据客人所点酒水摆放相应杯具，为客人服务酒水。

8. 菜品服务

（1）根据客人所点菜品补充餐具。

（2）从客人右侧服务各类菜品，左侧送上面包、黄油。依次从客人右侧服务开胃菜、汤、沙拉、主菜、甜品、咖啡或茶。

（3）客人每用完一道菜，应将所用餐盘及餐具一起撤下。要等所有宾客都吃完一道菜后才可以一起撤盘。

（4）客前烹制。如为客人切牛排，或在客前烹制车上制作沙拉或甜品等。此项服务要求服务员要具有娴熟的服务技能，注意操作安全和卫生，烘托餐厅气氛，提高客人用餐兴趣。

（5）服务主菜。①主菜的最佳部位对着客人放，而配菜自左向右按白、绿、红的顺序摆放。②主菜后的沙拉应放在客人的左侧。

（6）服务甜品和水果。①上甜品之前先撤下除酒杯以外的餐具，包括主餐盘、主餐餐具、面包盘、黄油碟、椒盐瓶和面包篮等。②用一块叠成四方形的餐巾对餐台进行扫台。③摆好甜品叉勺。④为客人点甜品酒，服务甜品酒。

（7）服务咖啡或茶。①服务咖啡或茶之前先摆好糖缸和奶缸。②咖啡杯或茶杯放在客人的右手边。

9. 结账服务

提前准备好账单，检查无误，客人用餐完毕后，送上账单，领班或值台服务员应征询客人满意度并感谢客人。

10. 送客服务

客人起身为其主动拉椅，礼貌道别，送客人至电梯口，感谢客人并祝客人愉快。

（三）餐后服务

客人离开后，迅速整理桌椅、清理台面，同时检查有无客人遗留物品。重新摆台，准备迎接下批客人。操作时动作要轻，避免影响其他客人。

（四）扒房午、晚餐服务注意事项

（1）扒房服务节奏慢，就餐时间长，所以餐位周转率低，来就餐的客人往往需提前预订才能保证餐厅的座位。

（2）点菜时需标注好餐位，分别准确记下每位客人所点菜肴，并立即复述确认。

（3）点菜时注意问清客人对菜肴的特殊需求。

（4）严格按照西餐上菜顺序上菜。

（5）推介酒水时，注意菜肴和酒水的搭配。

（6）必须在同桌每一位客人都用完同一道菜并撤盘后，才能服务下一道菜。

（7）在桌边烹制时，需选择本桌客人都能观赏到的角度。

（8）扒房的服务员须具备良好的语言能力。

（9）服务过程中，始终体现“女士优先”的原则，并展示高超的服务技能、优雅而规范的服务姿态。

任务评价

<table>
<tr><th colspan="2" rowspan="2">评价内容</th><th rowspan="2">评价标准</th><th colspan="2">评价</th></tr>
<tr><th>小组互评</th><th>教师评价</th></tr>
<tr><td colspan="2" rowspan="2">晚餐服务</td><td>1. 在 20 分钟内完成法式晚餐摆台，做到动作准确、程序规范</td><td></td><td></td></tr>
<tr><td>2. 正确、规范地完成开餐各项服务工作</td><td></td><td></td></tr>
<tr><td rowspan="2">餐前准备</td><td rowspan="2">摆台服务</td><td>1. 餐具用品、配餐品准备齐全、摆放协调，洁净、卫生、无破损</td><td></td><td></td></tr>
<tr><td>2. 摆台达到操作卫生、规范的标准</td><td></td><td></td></tr>
<tr><td rowspan="5">餐中服务</td><td rowspan="2">迎宾服务</td><td>1. 准确、规范地使用礼貌用语，热情、规范地微笑迎宾</td><td></td><td></td></tr>
<tr><td>2. 为宾客提供规范的拉椅让座、冰水服务</td><td></td><td></td></tr>
<tr><td rowspan="3">上菜服务</td><td>1. 上菜流程和标准正确</td><td></td><td></td></tr>
<tr><td>2. 正确选择上菜位置，上菜动作规范、准确，准确报菜名，简单介绍菜品特点</td><td></td><td></td></tr>
<tr><td>3. 规范摆放，操作安全</td><td></td><td></td></tr>
</table>

续表

<table>
<tr><th colspan="2" rowspan="2">评价内容</th><th rowspan="2">评价标准</th><th colspan="2">评价</th></tr>
<tr><th>小组互评</th><th>教师评价</th></tr>
<tr><td rowspan="3">餐中服务</td><td rowspan="3">席间服务</td><td>1. 准确选择斟酒位置，采用标准姿势和顺序为客人斟酒；斟酒量恰当，操作安全</td><td></td><td></td></tr>
<tr><td>2. 按规范正确、及时地撤换餐酒具、整理餐台和提供毛巾服务</td><td></td><td></td></tr>
<tr><td>3. 正确、及时地处理晚餐中的常见问题</td><td></td><td></td></tr>
<tr><td rowspan="2">餐后服务</td><td rowspan="2">结束工作</td><td>1. 礼貌送客</td><td></td><td></td></tr>
<tr><td>2. 按要求收拾餐台</td><td></td><td></td></tr>
<tr><td colspan="5">总　评：　优秀 □　良好 □　基本掌握 □</td></tr>
<tr><td colspan="5">自我评价：</td></tr>
<tr><td colspan="5">教师建议：</td></tr>
</table>

任务挑战

请根据案例情景，分小组完成服务方案分析、摆台服务、迎宾服务、菜肴服务、席间服务、结束工作等。

⊙ 一天晚上，几位外国客人到深圳某四星级酒店的西餐扒房点了一瓶香槟酒和牛扒等食品。过了五六分钟，服务人员回来告诉客人这种香槟酒已经卖完。客人并不太介意，又点了另一种香槟酒。但七八分钟过后，服务人员回来又抱歉告诉客人这种香槟也没了，查看了仓库也无存货。客人听后有点不快，感觉服务人员怎么对餐厅所售酒水情况都不清楚，而且连续发生两次。稍后，一位客人所点的牛扒送了上来，客人尝后感觉牛扒太生，未按其要求烹制，于是叫来服务人员拿走重新加工，可能是服务人员没有听懂客人的要求，几分钟后牛扒重新端上，客人觉得并没有什么改变，连续发生的几件事，使客人非常不满。

请问，发生上述问题该如何解决？

【知识链接】

法式菜肴

法国菜是世界上三大菜系之一，它的口感之细腻、酱料之美味、餐具摆设之华美，简直可称之为一种艺术。法国菜不仅美味可口，而且菜肴的种类很多，烹调方法也有独到之处，法国的烹饪技术一向著称于世界。

一、选料广、精、鲜

一般来讲，西餐在选料上有一定的局限性，但法式菜选料却比较广泛，如各种海鲜、海味、蜗牛、野生的黑蘑菇等均会用来入菜。

法式菜对原料的要求也比较严格，讲究精而新鲜，不合要求的原料绝不使用或降级使用。法国菜在材料的选用上较偏好牛肉、小牛肉、羊肉、家禽、海鲜、蔬菜、田螺、松露、鹅肝及鱼子酱，常选用稀有的名贵原料，如蜗牛、青蛙、鹅肝、黑蘑菇等。用蜗牛和蛙腿做成的菜，是法国菜中的名品，许多外国客人为了一饱口福而前往法国。此外，还喜欢用各种野味，如鸽子、鹌鹑、斑鸠、鹿、野兔等。由于选料广泛，品种就能按季节及时更换，因而使就餐者对菜肴始终保持着新鲜感，这是法国菜诱人的因素之一。

二、讲究原汁原味

法式菜非常讲究汁酱，一般要由专门的厨师制作。有些基础汤汁要煮制 8 小时以上，而且根据不同的菜肴选择汤汁。

三、追求鲜嫩特点

法式菜追求鲜嫩，要求菜肴水分充足、质地嫩。在烹调时，火候占了非常重要的一环，如牛肉、羊肉通常烹调至六七分熟即可；海鲜烹调时须熟度适当，不可过熟，尤其在酱料的制作上，更特别费功夫，其使用的材料很广泛，无论是高汤、酒、鲜奶油、牛油或各式香料、水果等，都运用得非常灵活。

四、喜欢用酒调味

法国是世界上引以为傲的葡萄酒、香槟和白兰地的产地之一，因此，法国人对于酒在餐饮上的搭配使用非常讲究。如在饭前饮用较淡的开味酒；食用沙拉、汤及海鲜时，饮用白酒或玫瑰酒，食用肉类时饮用红酒，而饭后则饮用少许白兰地或甜酒类。另外，香槟酒惯用于庆典，如结婚、庆功等。由于法国盛产酒类，所以烹调中也喜欢用酒调味。他们会根据不同的菜肴选择不同的酒类，使用量也很大，以致许多法国菜都带有酒香。

五、喜欢用乳制品烹饪

法国菜因地理位置的不同，而含有许多地域性菜肴。法国北部畜牧业盛行，各式奶油和乳酪让人食指大动，南部则盛产橄榄、海鲜、大蒜、蔬果和香料。因此，在配料方面采用大量的酒、牛油、鲜奶油及各式香料。

法国的起司也非常有名，依形态分有新鲜而硬的、半硬的、硬的、蓝莓的和烟熏的五大类。通常食用起司时会附带面包、干果（如核桃等）、葡萄等。另外，法国菜在享用时非常注重餐具的使用，无论是刀、叉、盘或是酒杯，因为这些均可衬托出法国菜高贵之气质。

授课：点菜服务

说课：点菜服务

评课：点菜服务

项目六　高贵典雅的宴会

宴会是在普通用餐基础上发展起来的高级用餐形式，也是人们交往中常见的礼仪活动。西餐宴会是一种按西方国家宴会形式举办的宴请，按西餐宴会的规格要求进行摆台，享用西式菜点，使用西式餐具，并按西餐礼仪进行服务。

学习目标

* 了解各种类型的西餐宴会服务；
* 熟悉西餐宴会服务的标准及要求；
* 掌握西餐宴会服务的基本流程；
* 增强服务中规范、细致的职业能力；
* 具备有效的协调及沟通能力；
* 提升自我管理的专业素养。

任务1　西餐宴会

西餐宴会以法式、英式、美式、俄式为代表菜式，提供对应的服务形式。举办宴会首先要考虑宴会规模的大小，根据主宾的情况，列出陪同客人的名单，发出宴会请柬。被邀者赴宴前，应根据请柬要求着便装或礼服。

任务描述

AL公司在G市参加商品博览会，接洽了一家法国化妆品商户，合同签订后，AL公司在酒店举办了一次答谢宴，双方包括各自营销经理在内共10人参加此次宴会。

请根据客人的特点，为其安排好本次宴会服务。

任务要求

1. 熟悉西餐宴会的特点以及服务要求。
2. 掌握西餐宴会技能服务标准。
3. 在服务过程中，能够了解客人心理需求，灵活沟通，热情服务。

任务实训

提供西餐宴会服务

西餐宴会服务一般应完成餐前准备工作、开餐前的准备工作、餐中服务工作、餐后收尾工作四个流程，具体内容如下。

工作流程	实施步骤	内容及要求
一、餐前准备工作	1. 餐用具准备 2. 菜单准备 3. 物品准备 4. 摆台 __________ __________ __________	
二、开餐前的准备工作	1. 热情迎宾 2. 引领入座 3. 拉椅服务 __________ __________ __________	
三、餐中服务工作	1. 调整餐用具 2. 菜肴 / 酒水服务 3. 巡台服务 4. 添加酒品 __________ __________ __________	
四、餐后收尾工作	1. 结账送客 2. 清理餐台	

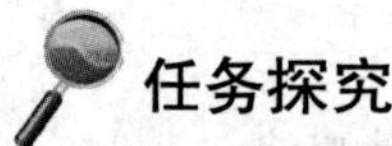

任务探究

一、西餐宴会的特点

（1）宴会菜点以欧美菜式为主，酒品常用洋酒。

（2）宴会餐具用品、厅堂风格、环境布置、台面设计、音乐均为西洋格调。

（3）宴会服务程序和礼仪程序都有严格的要求，对服务人员的要求也比较高。

（4）宴会形式多样，如法式、俄式、英式和美式等。

二、西餐宴会前的准备工作

（一）餐、酒具准备

备齐所有餐用具，并按要求摆台。根据宴会的人数、菜肴的安排等要求准备足够的餐用具，按照宴会主题摆台要求进行餐台布置：铺台布，摆餐具、酒具及用具，摆鲜花、银烛台等装饰物品，以美化席面。

1. 宴会台面布置的目的及种类

宴会的台面布置主要是运用台面的餐具、台布、餐巾和各种装饰物品等，通过一定的艺术手法和表现形式，结合就餐者的文化背景、风俗习惯和心理要求，恰到好处地营造出与宴会的内容、主题、等级和标准相适应的、和谐统一的气氛，达到吸引宾客对宴会美的艺术兴趣、增加食欲的设计目的。宴会台面根据饮食风格不同，可分为中式宴会台面、西式宴会台面和中西式混合宴会台面。根据台面用途不同，可分为食用餐台、观赏看台和艺术花台。

2. 宴会台面布置方法

宴会台面布置是一种餐台艺术，它是根据宴会主题，对宴会台面用品进行合理搭配、布置和装饰，形成完美台面组合形式的一种艺术创造。宴会台面的装饰效果主要通过台面餐具的摆放、台布和餐巾的颜色与折花花形、台面中心艺术设计及其他装饰共同来体现，具体方法如下。

（1）用餐具装饰台面。可用杯、盘、碗、碟、筷、勺等物件摆成各种象形或会意图案。用餐具装饰台面应掌握以下几点：

①不同规格的宴会配用不同质地和档次的餐具，以烘托宴会的气氛。

②餐具的多少根据宴会的规格和进餐的需要而定。一般宴会的等级越高，餐具的件数越多。

③餐具摆放的位置应达到整体美、统一美。摆成的图案要与宴会主题相符。

④餐具与菜点在色彩上能相互衬托，形成色彩对比。

⑤餐具的摆放应方便客人进餐。

（2）用台布和餐巾装饰台面。台布和餐巾是宴会台面布置的重要元素之一，其布置的原则包括以下几点。

①采用不同颜色和印有象征意义图案的台布铺台，以台布的颜色和图案的

寓意来突出宴会主题。

②根据宴会的性质、规模、主题来选择花形，用餐巾花的无声语言表达宾主之间的感情，起到独特的媒介效果，如婚宴可采用玫瑰花、马蹄莲等。

③根据宾主席位的安排来选择花形。宴会主人座位的餐巾花称为主花，主花要选择美观而醒目的花形，其目的是使宴会的主位更加突出。

（3）中心造型装饰台面。宴会台面的中心造型，不仅突出了宴会主题，同时也体现了宴会的规格档次。在宴会台面布置中，它起到了举足轻重的作用。中心造型设计一般可采用以下五种方法。

①花卉造型。即采用花瓶、花篮、花束、花盆、插花、盆景或花坛等装饰中心台面。花卉造型，一是要注意花卉的选择，考虑各民族的不同习惯，避免使用宾客忌讳的花卉，同时要注意花卉的种类和色彩的搭配。二是要注意花语，选择的花卉的寓意要与宴会主题相符，更能渲染宴会的气氛。三是要注意花卉的造型，做到主题突出、生动别致、层次分明、整体协调、富有艺术感染力。四是要注意花卉与宴会场景、餐桌大小、客人视线的有机融合，既要营造出一种热烈雅致的艺术氛围，又不能遮挡客人的视线。

②雕塑造型。即采用果蔬雕、黄油雕、冰雕或用面塑等装饰中心台面。使用这种方法必须注意雕塑造型应形象逼真、立意明确，既可折射宴会的主题，营造一种特殊的气氛，给人一种美的享受，又能充分展示厨师的高超技艺。

③果品造型。即将新鲜水果或装饰水果与其他装饰物组合摆成各种突出主题、富有意义的造型来装饰中心台面。果品造型，既可是装篮造型，也可是切拼造型。

④餐具造型。即通过各种特定的餐具组合成具有一定意义的图案来装饰中心台面。

⑤鱼缸造型。即通过精致的鱼缸配以热带鱼或金鱼等来装饰中心台面，使宴会台面富有生机。

当然，台面中心造型一般以某一造型为主，适当配以其他造型综合而成，达到一种整体和谐之美。

（二）酒水准备

备好宴会所需酒水。准备好各种酒水饮料，需冰镇的要提前冰镇好，保证各种酒水符合饮用要求。如在宴会开始前要举办餐前酒会，更要及时准备好足够的酒水。

（三）面包、黄油的准备

备足面包、黄油等，在开始前5分钟，把面包及黄油摆放在面包篮、黄油碟中。

（四）台面检查

检查服务员摆台是否规范；每桌的餐、酒用具是否齐全；服务桌上备用餐具的数量、种类是否配好；酒水饮料的摆放是否符合要求等。

（五）卫生检查

检查服务人员的仪容仪表等，西餐宴会的服务人员应戴白手套，做到制服整齐、仪容大方。同时进行餐、酒用具的卫生检查、餐厅环境卫生检查及菜肴食品的卫生检查等。

（六）设备检查

宴会开始前半小时，宴会厅内应达到所需温度。同时仔细检查音响、灯管等设备。

（七）安全检查

（1）检查宴会厅的各出入口有无障碍物。

（2）检查太平门的标志是否清晰。

（3）检查洗手间的一切用品是否齐全、完好。

（4）检查各种灭火器材是否按规定位置摆放，灭火器周围有无障碍物。

（5）检查宴会场地内餐桌、椅等家具是否牢固可靠。

（6）检查地面有无水迹、油渍等，如新打蜡的地面应立即磨光，以免客人滑倒。

（7）检查地毯接缝处对接是否平展，不平要及时修整。

三、西餐宴会服务流程

（一）引宾入席

（1）离开宴5分钟左右，餐厅服务负责人应主动询问主人是否可以开席。

（2）经主人同意后即通知厨房准备上菜，同时请宾客入座。

（3）值台服务员应精神饱满地站在餐台旁。

（4）当来宾走近座位时，服务员应面带笑容拉开座椅，按宾主次序引请来宾入座。

（二）餐中服务

1. 传菜服务

开餐前准备好传菜所需要的干净方、圆托盘及服务车。当传菜员收到服务员递送的开单，及时了解点单时间、客人人数、所点菜品、饮品内容、客人的特殊要求及菜品、饮品所属客人台号，由传菜员将宾客所有细节及要求传达厨师、酒吧员。根据客人就餐速度从厨房取餐，在服务前5~15分钟到厨房通知厨师准备好将要服务的菜肴，并告知菜肴所属客人台号；核对制作完成的菜肴的数量、火候、特殊要求和所配酱汁是否与开单要求一致。按照西餐上菜顺序将菜肴整齐地放于服务车上，热菜加保温盖，盛放酱汁的银盅放在垫有花纸的盘上。将服务车平稳地推于餐厅，确保汤汁没有溅出，菜肴在盘中没有移动。同一桌客人的菜肴必须同时传于餐厅，不得事先将热菜传于餐厅，将服务车上的菜肴清楚地交接给前台服务员。

传菜顺序：面包黄油—冷盘—汤—鱼—副菜—主菜—点心—干酪—水果—咖啡；当第一道菜快要吃完后给厨房一个准备讯号，当收回第一道菜式后要让客人休息5~8分钟，才上第二道菜给客人；传菜员每传一道菜肴后，必须将收于接收柜的杂物或用过的餐具及时回收到管事部点数清洗。清洁客人用完的台面，将餐具等及时回收，并且将服务车、托盘等物品清洁干净。

2. 面包服务

准备一把面包刀，一个干净的切板，两个面包篮，一个黄油篮，垫上干净餐巾或花纸；在厨房领取出新鲜的面包（可直接服务的）置于离客人较近的面包篮中，分类摆放整齐；将须切开的面包置于切板一侧的面包篮中，分类摆放整齐；直接服务和切开服务的面包须各准备三种以上；将充足的黄油盛装于黄油篮内摆放整齐；开餐前5分钟，按顺时针方向从客人左侧，询问客人选用哪种面包，按女士优先的原则进行；直接服务的面包用服务叉勺轻轻夹于客人的面包盘内，并礼貌示意客人慢用；需切割的面包应先用餐巾包住，置于切板上，先切去头部，再切割成片（法式面包除外），每片厚度不超过1.5厘米，每次服务不超过2片；法式面包按斜角45°方向切割成菱形，每块宽度不超过4厘米；切割面包时，取放需用餐巾包裹面包，不能用手直接接触面包；给客人服务面包时必须用服务叉勺递送面包；面包应及时添加，未使用完的面包及时回收面点间。

3. 上菜服务

传菜服务员协助前台服务员将放有食品的服务车推至餐桌旁；服务员站立于客人右侧礼貌示意客人准备上菜。上菜时用右手拇指根部卡住盘边，从客人右侧顺时针方向服务，按女士优先、先宾后主的原则；上菜动作要轻，保证所有菜品的摆盘方向朝向客人一致；打开菜肴上的保温盖；为客人介绍菜名；如盘子很热应主动提示客人注意餐盘烫手；预祝客人用餐愉快。服务调味汁和配料从客人左侧服务；说明汁和配料的名称，并询问客人调料放于盘中的位置；服务时左手拿住盛放有调料的盘，右手使用勺；服务中避免料汁散落在台面和客人身上；服务鲜胡椒从客人右侧服务，左手握住胡椒磨，右手转动磨的顶部，防止胡椒散落到盘外；离开时再次祝客人用餐愉快。

4. 其他服务

为客人收拾餐盘，应当询问并示意客人，当客人同意后方可快速收餐盘。从客人左侧按顺时针方向进行，按女士优先、先宾后主的原则；收下的餐盘交与右手，不允许将收下的脏盘直对客人；每次收脏盘不超过 4 个；收脏盘动作轻盈不得发出声响，以免影响其他客人；若服务员见客人餐盘菜肴未享用完毕，但示意收走餐盘时，服务员应征询客人对菜品是否满意，并记录客人意见或建议，及时将信息反馈给上级，便于及时调整。

（三）餐后服务

当客人要起身时，要主动为客人挪开椅子，随后递上客人随身携带物品或拿取衣物，如有女士要先服务女士，特别注意照顾年老客人。面带微笑，礼貌向客人道别，当客人离开后，及时检查餐桌周围上下是否遗留客人物品（如发现但客人已离去，将物品及时交给当班经理）；及时将餐椅调整至原位；分类回收用过的餐具：先用托盘从高到矮回收玻璃器皿，再回收餐盘，最后回收刀叉等；将分类回收的餐具用服务车推至管事部进行点数清洗。

任务评价

<table>
<tr><th colspan="2" rowspan="2">评价内容</th><th rowspan="2">评价标准</th><th colspan="2">评价</th></tr>
<tr><th>小组互评</th><th>教师评价</th></tr>
<tr><td colspan="2" rowspan="2">宴会服务</td><td>1. 在 20 分钟内完成西餐宴会摆台，做到动作准确、程序规范</td><td></td><td></td></tr>
<tr><td>2. 正确、规范地完成开餐各项服务工作</td><td></td><td></td></tr>
<tr><td rowspan="2">餐前准备</td><td rowspan="2">摆台服务</td><td>1. 宴会用品准备齐全、摆放协调，洁净、卫生、无破损</td><td></td><td></td></tr>
<tr><td>2. 摆台达到操作卫生、规范的标准</td><td></td><td></td></tr>
<tr><td rowspan="8">餐中服务</td><td rowspan="2">迎宾服务</td><td>1. 准确、规范地使用礼貌用语，热情、规范地微笑迎宾</td><td></td><td></td></tr>
<tr><td>2. 为宾客提供规范的拉椅让座、冰水服务</td><td></td><td></td></tr>
<tr><td rowspan="3">上菜服务</td><td>1. 上菜流程和标准正确</td><td></td><td></td></tr>
<tr><td>2. 正确选择上菜位置，上菜动作规范、准确，准确报菜名，简单介绍菜品特点</td><td></td><td></td></tr>
<tr><td>3. 规范摆放，操作安全</td><td></td><td></td></tr>
<tr><td rowspan="3">席间服务</td><td>1. 准确选择斟酒位置，采用标准姿势和顺序为客人斟酒；斟酒量恰当，操作安全</td><td></td><td></td></tr>
<tr><td>2. 按规范正确、及时地撤换餐酒具、整理餐台和提供毛巾服务</td><td></td><td></td></tr>
<tr><td>3. 正确、及时地处理晚餐中的常见问题</td><td></td><td></td></tr>
<tr><td rowspan="2">餐后服务</td><td rowspan="2">结束工作</td><td>1. 礼貌送客</td><td></td><td></td></tr>
<tr><td>2. 按要求收拾餐台</td><td></td><td></td></tr>
<tr><td colspan="5">总　评：　优秀 □　良好 □　基本掌握 □</td></tr>
<tr><td colspan="5">自我评价：</td></tr>
<tr><td colspan="5">教师建议：</td></tr>
</table>

任务挑战

任选一案例背景，分小组完成宴会方案分析、宴会摆台服务、迎宾服务、菜肴服务、席间服务、结束工作等。

⊙ 商务宴请服务。某服装公司举办年终答谢客户的宴请，共有100位嘉宾出席。请根据客人情况制作请柬，确认菜单和酒水，做好宴会台形设计与布置。

⊙ 商务宴请摆台服务。一所学院预订了工作餐，特别嘱咐用餐客人中有著名学者，身份尊贵。请根据6人位摆放好西餐宴会台面。

【知识链接】

西餐宴会座次安排的原则

一、西餐用桌

在西餐厅用餐时，人们所用的餐桌有长桌、方桌和圆桌。有时，还会以之拼成其他各种图案。不过，最常见、最正规的西餐桌当属长桌。下面，就来介绍一下西餐排位的种种具体情况。

（一）长桌

以长桌排位，一般有两种主要办法。一是男女主人在长桌中央对面而坐，餐桌两端可以坐人，也可以不坐人；二是男女主人分别就座于长桌两端。某些时候，如用餐者人数较多时，还可以参照以上办法，以长桌拼成其他图案，以便安排大家一道用餐。

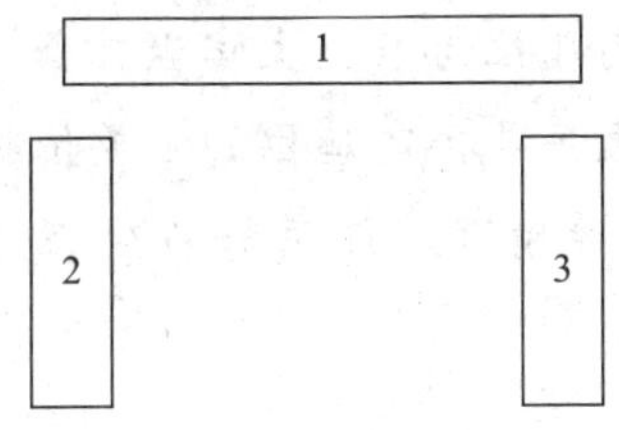

西式长条餐桌桌次排序（三张餐桌）

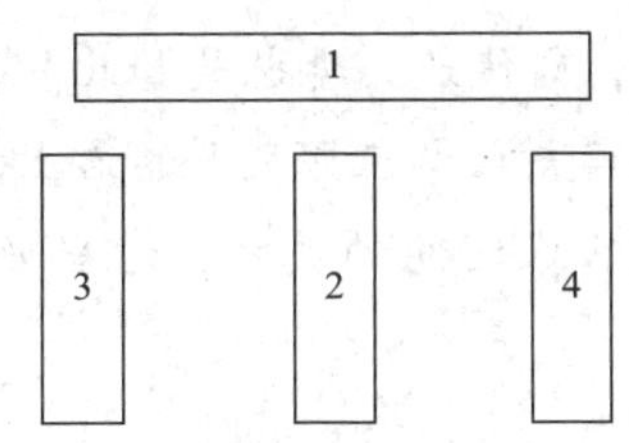

西式长条餐桌桌次排序（四张餐桌）

（二）方桌

以方桌排列位次时，就座于餐桌四面的人数应相等。在一般情况下，一桌共坐8人，每侧各坐两人的情况比较多见。在进行排列时，应使男、女主人与男、女主宾对面而坐，所有人均各自与自己的恋人或配偶坐成斜对角。

（三）圆桌

在西餐里，使用圆桌排位的情况并不多见。在隆重而正式的宴会里，则尤为罕见。其具体排列，基本上是各项规则的综合运用。在西餐中，主宾极受尊重。即使用餐的来宾中有人在地位、身份、年纪方面高于主宾，但主宾仍是主人关注的中心。在排定位次时，应请男、女主宾分别紧靠着女主人和男主人就座，以便进一步受到照顾。

二、座次礼仪

（一）日常用餐座次安排

（1）如果男女二人同去餐厅，男士应请女士坐在自己的右边，还要注意不可让她坐在人来人往的过道边。若只有一个靠墙的位置，应请女士就座，男士坐在她的对面。

（2）如果是两对夫妻就餐，夫人们应坐在靠墙的位置，先生则坐在各自夫人的对面。

（3）如果两位男士陪同一位女士进餐，女士应坐在两位男士的中间。

（4）如果两位同性进餐，那么靠墙的位置应让给其中的年长者。

西餐还有个规矩，即每个人入座或离座，均应从座椅的左侧进出。

（二）宴会座次安排

按照国际惯例，桌次高低以离主桌位置远近而定，右高左低；同一桌上，席位高低以离主人的座位远近而定，桌次多时应摆上桌次牌。西方习俗是男女交叉安排，即使是夫妻也是如此。以女主人的座位为准，主宾坐在女主人的右上方，主宾夫人坐在男主人的右上方。礼宾次序是排定座位的主要依据，同时也要考虑客人之间的关系，适当照顾一些特殊情况。译员一般坐在主宾的右侧。

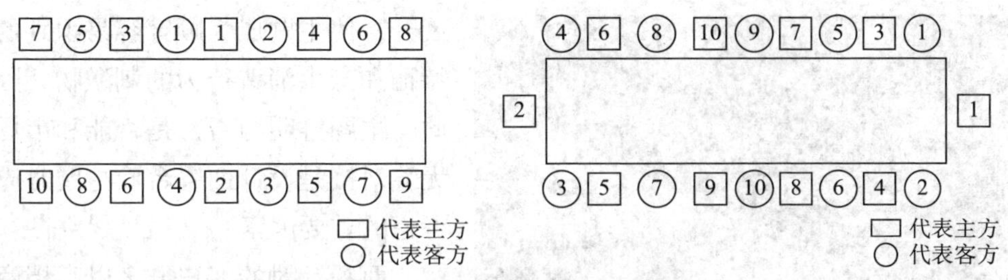

西式长条餐桌座次排序（1）　　西式长条餐桌座次排序（2）

（1）女士优先。在西餐礼仪里，女士处处备受尊重。在排定用餐位次时，主位一般应请女主人就座，而男主人则须退居第二主位。

（2）以右为尊。在排定位次时，以右为尊依旧是基本原则。就某一特定位置而言，其右位高于其左位。例如，应安排男主宾坐在女主人右侧，应安排女主宾坐在男主人右侧。

（3）面门为上。有时又称迎门为上，指的是面对餐厅正门的位子，通常在序列上要高于背对餐厅正门的位子。

（4）距离定位。一般来说，西餐桌上位次的尊卑，往往与其距离主位的远近密切相关。在通常情况下，离主位近的位子高于距主位远的位子。

（5）交叉排列。用中餐时，用餐者经常有可能与熟人，尤其是与其恋人、配偶在一起就座，但在用西餐时，这种情景便不复存在了。商界人士所出席的正式的西餐宴会，在排列位次时，要遵守交叉排列的原则。依照这一原则，男女应当交叉排列，生人与熟人也应当交叉排列。因此，一个用餐者的对面和两侧，往往是异性，而且还有可能与其不熟悉。这样做，据说最大的好处是可以广交朋友。不过，这也要求用餐者最好是双数，并且男女人数各半。

任务 2　主题宴会

主题宴会是通过一个或多个历史文化或其他主题为吸引标志，向顾客提供宴会所需菜肴、基本场所和服务礼仪的宴请方式。其最大特点是围绕既定主题来营造经营气氛，宴会的菜品、服务、色彩、灯光、装饰及活动都围绕主题

展开，使主题成为顾客容易识别的特征和产生消费行为的刺激物，因此，主题鲜明与否，是否能和市场无缝对接是设计西餐台面主题时应考虑的首要因素。

西餐针对的客户群多以高档商务客人和追求浪漫情调的情侣为主，所以仔细研究此类客人心理，找准吸引他们的切入点就成了设计者考虑的首要目标。

任务描述

某世界五百强公司拟在本市举办一次区域经理年会，本次年会共有220人参加，希望酒店提供一个有特色的场地和宴会设计服务。环境要求清幽，私密性较强。

请根据客人的需求，为其设计及提供满意的宴会服务。

任务要求

1. 熟悉主题宴会的环境及台面设计要求。
2. 掌握主题宴会设计的简单操作和方法运用。
3. 在服务过程中，能够了解客人心理需求，灵活沟通，热情服务。

任务实训

提供主题宴会服务

主题宴会服务一般应完成设计环节、餐前准备环节、餐中服务环节、餐后收尾环节四个流程，具体内容如下。

工作流程	实施步骤	内容及要求
一、设计环节	1. 主题： 2. 标准： 3. 风格： 4. 装饰布置方法： 5.	环境设计： 台面设计： 菜单设计： 酒水设计：
二、餐前准备环节	1. 检查仪容仪表 2. 摆台 3.	
三、餐中服务环节	1. 迎宾引领 2. 拉椅让座 3.	
四、餐后收尾环节	1. 礼貌送客 2.	

任务探究

主题宴会的设计包含以下基本步骤：根据宴会目的确定主题—根据主题宴会台面寓意命名—根据主题宴会场地规划台形设计—根据宴会主题创意设计台面造型。

一、主题宴会气氛的设计

（一）灯光、色彩

西餐厅是最讲究情调的地方，不同的国家有不同的情调，如英国式的古典庄重、法国式的活泼明朗、美国式的不拘一格等。西餐宴会场所的灯饰系统以柔和为美。光线不外乎自然光、饰光、照明光三种。通常情况下，原生的光线适宜于场所的时段有限，因而饰光与照明光是场所光线的主要部分。空间照明宜采用低照度水平并可调光，餐桌上可设烛台、台灯等局部低照度照明。但入口处的照度要高，达到满足功能上的需要。

色彩是宴会场景设计的重要因素和表现手法。不同主题的宴会对色彩的要求也有很大的不同。西餐宴会环境布置以营造典雅精致的氛围为主，因此，更多地采用较为淡雅的暖色系，如粉红、粉紫、淡黄或白色等，当然也有用熟褐色的。同类色搭配能突出简洁明净、单纯大方的效果。同色浓淡相间的色调既质朴又比较容易统一，还容易按个性和宴会的目的演绎氛围。比如，圣诞主题宴会应以金色、白色、红色为永恒的色调，突出圣诞文化和欢乐气氛。有的高档宴会还施以描金，利用实木原色设计餐桌布置的宴会更是高档次的象征。一些小型宴会中也有采用冷色调的，如有的海鲜主题宴会为了体现海底世界的特征，采用蓝色色系，再辅以鱼等装饰挂件，很好地体现了设计主题。

目前世界的普遍潮流是环保与亲近。在进行自然色彩搭配时，可以根据餐厅的实际情况运用模仿自然的色彩搭配方法。这种色彩搭配方法是以自然景物或图片、绘画为依据，按照其中的色块比例进行空间色彩搭配。所营造的效果能使人联想到大自然，给人以清新、和谐的感觉。

（二）温度、湿度、空气

人体对环境的感受往往取决于该环境的温度、湿度和空气质量。下面是星级酒店内空调主要设计参数，它的设定是经过专家的科学测算而得出的，能达到人体所需的舒适度要求。

	室内温度（℃）		相对湿度（%）		新风量/m^3/（h·人）
	夏	冬	夏	冬	
中餐厅	26	18	65~55	50~40	20
西餐厅	26	18	65~55	50~40	20

续表

	室内温度（℃）		相对湿度（%）		新风量/m³/（h·人）
	夏	冬	夏	冬	
大堂	27	16	65~50	50~40	10
休息厅	27	16	65~50	50~40	18
客房	26	20	65~50	50~40	30
中庭	27	16	65~50	50~40	18

（三）背景音乐、绿化

背景音乐在不同的场合有相应的特性和效应，西餐宴会背景音乐的选择要适合西餐宴会的整体形象和风格特点。配合精致的宴会环境设计，背景音乐自然也不能“粗糙”。总的要求是乐曲要选择抒情风格或轻松的，切忌流行歌曲或强烈刺激的。主题明快、活泼的宴会，应侧重选择活泼、诙谐的爵士乐等，主题庄重典雅的宴会，则宜选择明快旋律、纯音乐式古典乐曲为主。例如，国宴上乐队演奏的两国国歌、婚宴上的《婚礼进行曲》、生日宴会上的《祝你生日快乐》等。另外，背景音乐要与宴会的进程相一致，如迎宾时的《迎宾曲》、祝酒时的《祝酒歌》和送客时的《欢送进行曲》。值得注意的是，背景音乐的播放时间段也要把握好，以及声音适中，忌忽大忽小，一般控制在30分贝以内，每次播放背景音乐的时间不应持续过长，以免产生疲惫感，可以间断播放。

绿化是宴会设计中经常采用的装饰手段，通过绿化可以实现为用餐者创造一个舒适用餐环境和气氛的目的。高档的西餐宴会氛围安宁、富有格调，在植物的选择上要注意选取色彩素雅的植物，如白色的马蹄莲、淡绿色的竹芋等。宴会主题类型较多，其绿化设计特色也趋于多元化。宴会中，作为装饰要素之一的植物，其特点必须与整体风格相统一，才能达到预期的效果。餐桌上的装饰更是宴会的亮点，通常离不开西洋艺术品和鲜花植物的点缀与美化。

二、主题宴会的餐桌设计与场地布置

西餐宴会的餐桌布局主要有以下几种常见的台形形式：

（1）“一”字形长台。“一”字形长台通常设在宴会厅的正中央，与宴会厅四周的距离大致相等，但应留有较充分的位置，以便于服务员操作。

（2）“U”形台。“U”形台又称马蹄形台，一般要求横向长度应比竖向长度短一些。

（3）“口”形台。“口”形台一般设在宴会厅的中央，是一个中空的台形。

（4）“E”形台。“E”形台的三翼长度应相等，竖向长度应比横向长度长一些。

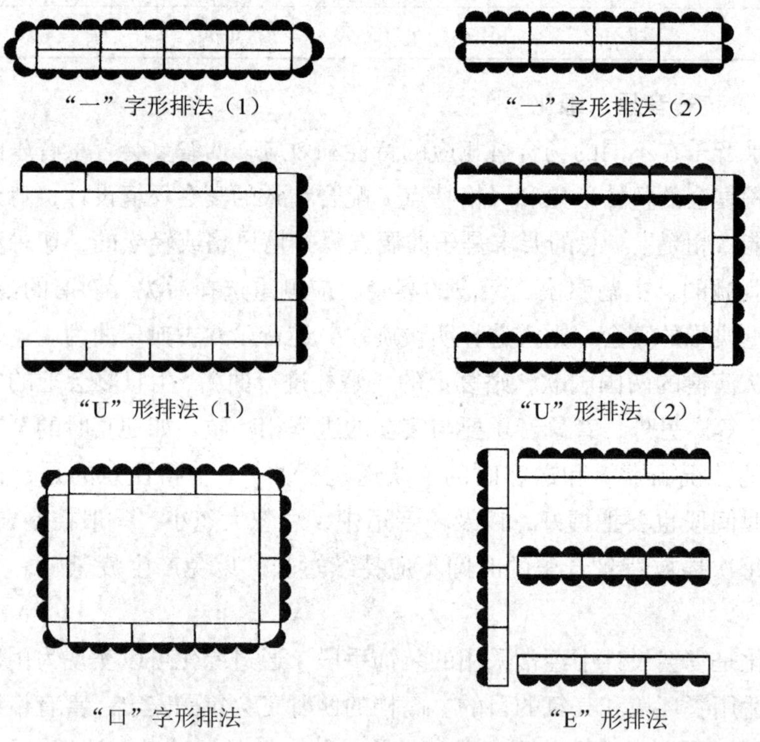

除上述基本台形外，还有“T”形台、鱼骨形台和星形台等。现在许多西餐宴会也使用中餐的圆桌来设计台形。总之，西餐宴会的台形应根据宴会规模、宴会厅形状及宴会主办者的要求灵活设计。

三、主题宴会环境气氛设计的方法

（一）色彩搭配协调

1. 台布和台裙的装饰

台布、台裙的颜色、款式的选择要根据宴会的主题和主题色调来确定。台裙常选择制作好的成品台裙，也可以根据实际需要，选择丝织或其他材料现场制作。

2. 餐垫、筷套等小物件的布置

餐垫、筷套、台号、席位卡、烛台等小物件看似一个小的因素，其作用不可忽视，必须根据宴会的主题风格、花台的造型、餐具的档次、宴会的规格、宾客的要求精心策划与制作。

3. 餐椅装饰

餐椅的主要功能是供宾客就座之用。它一般相对比较固定，一般选用优质原木，也可以利用椅套、坐垫改变其色调与风格，使其与宴会主题风格相协调。

（二）鲜花布置合理

根据不同类型的宴会，设计出不同的花型，既美化环境又增加宴会的和谐美好的气氛。布置花台要根据主题立意，选择花材，设计造型。由于鲜花费用较高、不环保，甚至有污染食品的危险，因此很多酒店采用谷物和其他物品设计花台，也有不错的效果。

（三）餐具装饰典雅

餐具的选择和搭配决定着台面的主题风格。现在宴会厅的餐具主要有中式、西式、日式、韩式等不同风格，质地、形状、档次也有很大差异，陶制品

餐具色泽呈棕褐色或灰色，质地厚松，易破损，但富有历史与文化底蕴。骨瓷具有良好的透光性，能呈现高雅亮洁、如玉石般温润的质感，具有可塑性高、彩绘艳丽动人、质地坚硬耐久等特点。强化琉璃瓷餐具是由高岭土与氧化矽混制而成的，经高温 125℃以上强化，不易破损，质地坚硬、轻薄。水晶制品相对容易破碎，适用于高档的摆饰类艺术品和酒器、果盘等。玻璃制品与水晶一样，易破碎，虽然没有水晶制品的光芒四射，但也清澈自然，它的优势在于市场价格较为便宜。宴会设计者根据宴会主题和酒店实际状况选用适当的餐具，可以强化宴会主题氛围。

（四）餐巾点缀和谐

台面所选用的餐巾必须与宴会设计的其他要素色调和谐一致，质地统一协调，突出主题，渲染宴请气氛。同时宴会规模大小也会影响餐巾折花的选择，一般大型宴会采用简单、快捷、挺括的花形，小型的可选择较为复杂的花形。不管选择什么样的花形，都要整齐美观、便于识别、卫生方便，同时不要出现赴宴者忌讳的花形。

四、主题宴会台面造型设计与布置

宴会台面设计源于欧洲，19 世纪末 20 世纪初传入我国。作为餐桌布置艺术的台面设计，已经成为酒店服务的一项重要内容。根据宴会主题，运用一定的心理学和美学知识，采用多种手段，将各种宴会台面用品进行合理摆设和装饰点缀，使整个宴会台面形成一个完美的餐桌组合艺术形式。

（一）台面命名的方法

（1）按台面的形状或构造命名。这是最基本的命名方法，如圆桌台面、方桌台面、T 形台、U 形台等，但过于简单。

（2）按每位客人面前所摆的小件餐具件数命名，如5件餐具台面、7件餐具台面等。这种方法便于了解宴会的档次和规格。

（3）按台面造型及其寓意命名，如百鸟朝凤席、福如东海席、友谊席等。

（4）按宴会的菜肴名称命名，如全羊席、全鱼席、海鲜席等。

（二）台面物品配置及造型

西餐宴会的特点是"吃什么菜点配什么餐具，吃什么菜点喝什么酒，喝什么酒用什么杯"，各项都有严格的规定。常用的西餐餐具有：小盆、汤盘、大盆、其他餐具（如长腰形的烤斗、长腰形带盖的陶瓷盅、带小凹圆的圆形盆）、咖啡杯、底盘、面包盆。金属质地的餐具有不锈钢、合金铝和银质等类型。

（1）花卉造型。采用花瓶、花篮、花束、插花、盆景或花坛等装饰台面中央，是一种常用又高雅的造型方法。制作时应注意两点：一是选用的花卉要注意花语含义，不要与宴会主题和宾客相冲突；二是选用花的数量要适中，色彩搭配要合适，具有一定的艺术性。台面插花注意不能阻挡宾客视线，不过于零散掩盖餐饮品，造成食品污染。插花所用花器要与餐具风格、餐台设计风格相吻合，突出宴会主题。

（2）雕塑造型。这是一种工艺性较强的造型方法，包括雕和塑两种。

（3）餐具造型。利用杯、盘、刀、叉、匙、烛台等餐具摆成具有一定主题意境的宴席席面。

（4）台布造型。选用印花、棉麻、丝绸等各种素雅的台布铺台，餐巾造型选择与主题台面相呼应。

五、主题宴会的服务设计与菜单设计

（一）主题宴会的服务设计

主题宴会作为高规格的就餐形式，显著的特点是礼仪性和程序性。因此，在主题宴会服务中，服务程序的正确与否，服务质量的好与坏，会对整个主题宴会的过程起到推动作用抑或负面影响。

（二）主题宴会菜单设计

每个宴会都有它的目的性和主题性，专为主题宴会设计的菜单，必须与主题相符。餐饮部应充分了解宾客组成情况及对宴会的要求，根据确定的接待标准，结合客人对饮食文化的特殊喜好，确定菜肴的比例结构，拟订菜单品种。

再进一步根据菜单品种确定加工规格和装盘形式，设计与宴会主题吻合的菜单样式，对菜单进行装饰策划与制作。

（三）酒水设计

酒水准备的品种和数量应根据客人的要求和接待标准确定。酒水的档次应与宴会的档次、规模、寓意协调统一，西餐宴会一般选用葡萄酒、香槟或其他品种，夏秋季节可考虑增加啤酒等饮品。在策划、设计主题宴会时，还应考虑消费导向、地方风格、客源需求、时令季节、菜品特色等因素，选定某一主题作为宴会活动的中心内容。

任务评价

<table>
<tr><th colspan="2" rowspan="2">评价内容</th><th rowspan="2">评价标准</th><th colspan="2">评价</th></tr>
<tr><th>小组互评</th><th>教师评价</th></tr>
<tr><td colspan="2" rowspan="2">主题宴会服务</td><td>1. 在 2 小时内完成主题宴会摆台，做到动作准确、程序规范</td><td></td><td></td></tr>
<tr><td>2. 正确、规范地完成开餐各项服务工作</td><td></td><td></td></tr>
<tr><td rowspan="2">餐前准备</td><td rowspan="2">摆台服务</td><td>1. 宴会用品准备齐全、摆放协调，洁净、卫生、无破损</td><td></td><td></td></tr>
<tr><td>2. 摆台达到操作卫生、规范的标准</td><td></td><td></td></tr>
<tr><td rowspan="8">餐中服务</td><td rowspan="2">迎宾服务</td><td>1. 准确、规范地使用礼貌用语，热情、规范地微笑迎宾</td><td></td><td></td></tr>
<tr><td>2. 为宾客提供规范的拉椅让座、冰水服务</td><td></td><td></td></tr>
<tr><td rowspan="3">上菜服务</td><td>1. 上菜流程和标准正确</td><td></td><td></td></tr>
<tr><td>2. 正确选择上菜位置，上菜动作规范、准确，准确报菜名，简单介绍菜品特点</td><td></td><td></td></tr>
<tr><td>3. 规范摆放，操作安全</td><td></td><td></td></tr>
<tr><td rowspan="3">席间服务</td><td>1. 准确选择斟酒位置，采用标准姿势和顺序为客人斟酒；斟酒量恰当，操作安全</td><td></td><td></td></tr>
<tr><td>2. 按规范正确、及时地撤换餐酒具、整理餐台和提供毛巾服务</td><td></td><td></td></tr>
<tr><td>3. 正确、及时地处理晚餐中的常见问题</td><td></td><td></td></tr>
</table>

续表

<table>
<tr><td colspan="2" rowspan="2">评价内容</td><td rowspan="2">评价标准</td><td colspan="2">评价</td></tr>
<tr><td>小组互评</td><td>教师评价</td></tr>
<tr><td rowspan="2">餐后服务</td><td rowspan="2">结束工作</td><td>1. 礼貌送客</td><td></td><td></td></tr>
<tr><td>2. 按要求收拾餐台</td><td></td><td></td></tr>
<tr><td colspan="5">总　评：　　优秀 □　　良好 □　　基本掌握 □</td></tr>
<tr><td colspan="5">自我评价：</td></tr>
<tr><td colspan="5">教师建议：</td></tr>
</table>

任务挑战

任选一案例背景，分小组完成宴会方案分析、宴会摆台服务、迎宾服务、菜肴服务、席间服务、结束工作等。

⊙ 主题婚宴宴会服务。某星级酒店承接了一个西式婚宴。新人希望婚礼能办得隆重、华丽，因此餐标定得比较高。他们所邀请的嘉宾大多是有一定社会地位、声望的人，人数为七八十人。通过实地考察，客人指定使用酒店能容纳400人用餐的豪华宴会厅作为婚宴举办地。请解决大空间小宴会的布局设计。

⊙ 商务宴会摆台服务。本市某集团酒店一家五星级酒店为迎接区域总裁的到来，准备了欢迎晚宴。请设计一个凸显本地特色的主题台面，并摆台。

任务 3　外国的国宴设计欣赏

国宴是国家元首或政府为招待国宾、其他贵宾或在重要节日为招待各界人士而举行的正式宴会。

任务描述

了解国宴，使从事酒店宴会工作的人员可以学会用更高的标准和审美眼光去发掘餐饮服务中的艺术文化与服务内涵。

任务要求

1. 了解各国国宴的特色与服务规格。
2. 掌握西方国宴礼制常见的呈现方式。

任务实训

对各国国宴的服务工作对照分析

国宴的设计与服务一般分为前期准备工作、迎宾服务工作、餐中服务工作、餐后送别与整理工作四个流程，各国国宴的服务工作对照分析如下。

工作流程	美国国宴	英国国宴	俄罗斯国宴
一、前期准备工作	1. 人员准备 ______ ______ 2. 环境准备 ______ ______ 3. 餐台布置 ______ ______ 4.______ ______ ______ ______	1. 人员准备 ______ ______ 2. 环境准备 ______ ______ 3. 餐台布置 ______ ______ 4.______ ______ ______ ______	1. 人员准备 ______ ______ 2. 环境准备 ______ 3. 餐台布置 ______ ______ 4.______ ______ ______ ______

续表

工作流程	美国国宴	英国国宴	俄罗斯国宴
二、迎宾服务工作	1. 宾客到达迎接 ______ 2. 门厅迎接 ______ 3.______ ______ ______ ______ ______	1. 宾客到达迎接 ______ 2. 门厅迎接 ______ 3.______ ______ ______ ______ ______	1. 宾客到达迎接 ______ 2. 门厅迎接 ______ 3.______ ______ ______ ______ ______
三、餐中服务工作	1. 宾客入场 ______ 2. 开席仪式 ______ 3.______ ______ ______ ______ ______ ______ ______ ______ ______	1. 宾客入场 ______ 2. 开席仪式 ______ 3.______ ______ ______ ______ ______ ______ ______ ______ ______	1. 宾客入场 ______ 2. 开席仪式 ______ 3.______ ______ ______ ______ ______ ______ ______ ______ ______
四、餐后送别与整理工作	1. 衣帽服务 ______ 2. 拉椅送客 ______ 3.______ ______ ______ ______	1. 衣帽服务 ______ 2. 拉椅送客 ______ 3.______ ______ ______ ______	1. 衣帽服务 ______ 2. 拉椅送客 ______ 3.______ ______ ______ ______

任务探究

一、美国国宴

美国国宴制度始于 1874 年，是总统对外宾最隆重的礼遇。依照传统，新总统上任后的第一场国宴一般会招待邻国加拿大或墨西哥领导人。举办国宴不仅是总统和第一夫人向到访外国元首表达友好的礼节方式，同时也是一件向全世界展示国家实力和影响力的大事。

（一）举办地

按照美国国宴的外交礼仪，到访的外国元首及其配偶从北门廊进入白宫，美国总统和夫人将守候在此欢迎他们的到来。而用餐的地方则在白宫的国宴厅，国宴厅是白宫两间宴会厅中较大的一个，可容纳 140 位宾客。

当地时间 2015 年 7 月 7 日国宴厅装修后首次对外亮相。米歇尔此番装修并没有大动土木，据悉，此次装修总共花费不到 60 万美元，将国宴厅原来的窗帘、餐椅和地毯进行了更换。装修前，国宴厅是温馨的米黄色，装修后，多了蓝绿色彩，风格更加简约现代。

虽然设有专门的国宴厅，但美国国宴的举行地点并不拘泥于此。2009 年奥巴马为时任印度总理辛格举办国宴时，地点便选在了南草坪，因为印度人“经常在帐篷内庆祝”。而 2014 年奥巴马为法国总统奥朗德举办国宴时，地点则选择在花园中。

（二）国宴流程

（1）总统偕第一夫人在北门廊迎接到访的外国元首，引他们到楼上黄色椭圆厅，举行家庭鸡尾酒会。

（2）其他客人来到一楼外交接待厅，与媒体见面，然后去东厅。

（3）等所有人到齐后，双方领导人与他们的配偶下楼，经格兰特包厢，到门廊大厅，在这里美国海军乐队奏乐欢迎他们，曲目是《向统帅致敬》和来访国的国歌。

（4）总统与第一夫人领客人进入国家宴会厅，上 4~5 道菜，主宾推杯换盏。

（5）宴会过后，白宫方面通常还会安排艺术表演，有时还会举行舞会。

（三）国宴特色

1. 讲究的座次

在国宴上，最受尊崇的座位当然是美国总统及其夫人的。长长的方形宴会桌是 1902 年美国总统设宴款待普鲁士王子亨利时布置的，多年来，这种布置已成为标准。美国国宴座次安排非常讲究，坐在不同的位置意味着不同的地位。谁和总统坐在一桌，谁又和第一夫人坐在一起，都在美国政坛和社交界具有风向标的作用。

在整个宴会厅布置圆形餐桌的做法始于杰奎琳·肯尼迪，这种安排使得宴会厅可容纳更多的客人，同时能让主人打破正式座位安排的严格限制。相比欧洲人，美国人显然不十分注重礼仪和座次，所以简单、方便交流的宴会桌和座次就逐渐被使用。

2. 宴会的风格其实是女主人的风格

基于尊重和传统，作为女主人的总统夫人须亲自操办贵宾名单、菜肴、餐桌布置等。前白宫御厨沃尔特·沙伊布曾说，国宴与其说是宴会，倒不如说是一台百老汇歌剧。公众最关心的，永远是宴会的第一主角：女主人。虽然每次国宴礼仪和菜肴都有具体的国务院官员负责，但基于对来客的尊重以及西方的传统，很多重要细节，如贵宾名单、菜肴、餐桌布置等，均由美国第一夫人及助手亲自操办。尽管美国国宴的安排会受传统影响，但每一位白宫女主人都会在举办的国宴上留下自己独特的印记。

国宴上的音乐以及节目表演通常体现女主人和第一家庭的品位。艺术家在美国国宴上表演节目已经有 200 多年的历史了。如在美国第二任总统约翰·亚当斯当政时期，美国海军陆战队乐团的表演便成了不可或缺的内容。而奥巴马上任以来的首次与印度总理辛格的国宴则邀请了印度著名作曲家 A. R. 拉赫曼到场助兴。

在国宴上，来宾们都会精心着装，女宾们更是精心打扮，而第一夫人的衣着打扮更是所有人关注的焦点。在 2009 年奥巴马与辛格的国宴上，米歇尔·奥巴马身穿由印度裔设计师纳伊姆汗设计的晚礼服华丽登场。当晚，她身着米色晚礼服、点缀闪亮银片，举手投足尽显女主人风范。媒体大赞米歇尔此次搭配完美，*InStyle* 杂志时尚总编哈尔·鲁本斯坦说，米歇尔巧妙地选择了一款精致高雅的礼服，既合时宜，又显风采。至于选择印度裔服装设计师，米歇尔意在拉近与辛格夫妇的距离。

3. 国宴的灵魂：厨师和菜肴

菜谱以美式菜为主，菜谱通常会由 4~5 道菜组成，主要以美式菜为主，但有时为了照顾外宾的特殊口味，也会加一些有异域风情的菜肴，以美式菜配以贵宾国菜肴，体现一种地缘政治烹饪学。比如有一次布什在宴请巴基斯坦总统穆沙拉夫时，菜单里就多了一道烤榅桲果，这是一种南亚地区常见的瓜果。而在 2009 年 11 月 24 日奥巴马举办的国宴上菜谱主打印度和美国时令菜肴，头道菜是土豆和茄子沙拉。甜点有南瓜馅饼、涂有生奶油和焦糖淋酱的梨挞，每道甜点都会配有不同口味的红酒。

通常，在白宫工作多年的厨师都养成了习惯，靠听觉来判断客人们满意与否，若宴会厅里一片安静或有刀叉声，则证明菜肴好吃。

4. 压轴节目：舞会

白宫国宴上仅次于用餐的活动，就是宴会过后的舞会，白宫方面通常还会安排艺术表演。

二、英国国宴

在1066年左右，来自诺曼底的征服者威廉统治了英格兰，这位诺曼底贵族最早确立了英国国宴的标准，当时宴会往往要持续一天，从上午11点直到夜晚，同时还有着庄严的用餐礼仪，餐桌上要有金银餐具和麻制台布，烤肉只能侍奉给国王和贵客。

（一）举办地

按照惯例，英国国宴在国事访问的第一天由国家元首在白金汉宫主持。白金汉宫位于伦敦圣詹姆士公园的西端，最早由英国白金汉公爵在1703年所建，故有此名。自1837年起，英国历代君王都居住在这里。白金汉宫是英女王在伦敦的官方寓所，每年夏天，当女王外出避暑时，白金汉宫会开放部分区域，以便民众及来自世界各地的游客参观。白金汉宫宴会厅整个房间长36.6米、宽18米、高13.5米，能同时容纳160人就餐。宴会厅于1850年由维多利亚女王主持建成，1856年开始启用，当时，这里举行了一场舞会来庆祝克里米亚战争的结束，宴会厅由此得名。在建成时，它是整个伦敦最大的房间。自从1914年起，英国的国宴就固定在这里举行。

（二）国宴筹备流程

1. 倒计时1年

国事安排一般会提前一年敲定。受邀国由政府决定，包含170多名宾客的名单由外交和联邦事务部与王室成员共同草拟，邀请函则由女王寄出。

2. 倒计时4个月

收到宾客国回复后，王室总管着手安排宾客席位。总管手下的250名侍从根据分工被分成不同组，他们必须确保国宴的每一个环节都不能出错。印着宾客姓名的纸条会被贴在8英尺宽的名牌上，名牌会摆在模拟餐桌上不断调整席位。甚至贵客座位表由他们草拟后，仍需要由女王和外交联邦事务部门最后裁度。女王在国宴开始前的讲话也会被外交部反复修改，最终定稿。

3. 倒计时 10 天

国宴通常提前 10 天准备，筹备过程对细节的讲究可谓苛刻。200 年前，以奢华著称的乔治四世国王陆陆续续购买和打造了 4000 多件豪华金银瓷器餐具，这套餐具系列集中体现了 19 世纪埃及、希腊、罗马的设计精华，也正是这套餐具构成了当今英国国宴餐具的主体。然而国宴前，要把这 4000 件餐具拆成 8000 个细微的部件，再手工清洗、晾干、擦拭干净，再小心翼翼地重装回去，可是一件尤为浩大的工程。

围着白色围裙的侍从们首先要把 175 英尺长的餐桌擦至如镜面一样具有光泽。这张超长的马蹄形餐桌由 68 张活动桌面和 13 只桌架组合而成，因此要把它们摆成一条直线尤为困难，侍从们要在宴会大厅的两端找好中心点，再通过桌子上专用的瞄准器慢慢地调节桌子。

国宴上要使用的瓷器、玻璃、镀银器具等都需要清洗、打磨，亚麻桌布、桌巾、垫杯盘的小饰巾等也都需要熨平、整折叠好以备用。

4. 倒计时 3 天

距晚宴还有 3 天时，开始摆上餐桌的装饰品。100 座烛台历史悠久，正是传于乔治四世国王，每座烛台包含 122 个零件，每次使用前，它们需要单独拆除、清洗，然后再组装起来。放在餐桌中央的摆饰则主要由季节性水果和花卉组成。23 盆鲜花的插花与摆放由王室御用插花师或工匠设计，完成插花往往需要 36 个小时。而鲜花则主要采摘自女王的花园。其他诸多装饰物则从 19 世纪乔治四世时代沿用至今。

5. 倒计时 2 天

距晚宴还有 2 天时，侍从们开始摆放餐桌，包括餐具、鲜花的摆放。马鞍形餐桌，长度可以按需调节。12 个冰桶、118 个盐罐、140 个餐盘、288 个主餐盘、

1104 只玻璃酒杯（每位宾客 6 只），2000 把镀银餐刀（每位客人 6 件镀银刀具和黄油刀），在擦拭至少 7 遍后方可摆放上桌。

所有餐具摆放的顺序也需按照中世纪流传下来的规定，以显示对贵客的尊重。每个席位布置的餐具都需用尺子精确测量，刀叉、餐盘与餐盘之间至少保留 18 英寸（45 厘米）的距离。座椅之间的距离也会用专用的杆子来衡量、调节距离，以保证整体平衡性带来的视觉美感。女王和坐在她左右两侧的客人还会单独配备盐罐和芥末罐，而其他宾客则每四位共用一套。

玻璃和陶瓷餐具室的服务人员把亚麻餐巾叠成荷兰帽的形状，摆放在餐桌上，每一块餐巾上都绣有由女王姓名首字母组成的组合图案。

6. 国宴当天

作为宫殿的主人，女王也会在晚宴开始前去往宴会厅视察一次，包括检查一下餐桌上餐具的摆放、烛台的稳固性等。如果贵客下榻白金汉宫，按照礼仪，欢迎仪式首先在皇家骑兵卫队阅兵场举行。

在国宴开始之前，女王带领王室成员以及参加国宴的本国官员站在白金汉宫的门口迎接贵客的到来，然后率领宾客前往宴会厅就座。女王的座位位于马蹄形餐桌的马蹄顶端，到访国元首就座于女王的右侧。女王和到访国贵宾分别发表演讲后，晚宴正式开始。

宴会进行时，整个宴会厅设立 19 个站点，每个站点都有 4 名分工和等级不同的侍从候命进行服务。和中世纪不同的是，由 100 位侍从、男仆组成的团

队必须保证每一道菜都要同时端到客人面前。准确的服务时间得益于隐秘的信号灯指示系统，如蓝色灯表示待命，琥珀色则表示需要服务。

（三）国宴菜单

国宴代表着一个国家最高规格的欢迎仪式。在有着悠久历史的英国国宴上，吃什么、怎么吃，以及每一个流程细节，都有非常明确的规定。2015 年中国国家主席习近平访问英国时，白金汉宫的发言人劳拉·金表示，女王非常关心国事访问的每一个细节。国宴的菜单将在当天晚些时候，由英国女王亲自决定。

白金汉宫国宴桌上，摆着一个很精致的小册子。上边不仅包含宴会菜单酒水，还包括当天的座位排次，每个人的名字都会标注，以方便嘉宾敬酒时不要弄错名字。另外，小册子上还会列出当天皇家乐队就餐时的演奏曲目。如此贴心、细致入微，是英国国宴服务高规格的体现。

如今，国宴通常由四道菜组成，分别是前菜、肉类菜肴、甜点及水果。皇室不再将重点过于放在鱼肉类的丰富性和异域风情上，而是更在意食材的新鲜程度，他们更希望能挑选到优异的本土时令食材，水果、蔬菜也都能随时从皇家庄园摘得。比如，野味一般由巴尔莫勒尔城堡提供，苹果由桑德林汉姆府提供，猪肉由温莎城堡提供。

通常前菜会是鱼类，主食是羊肉或牛肉，配些蔬菜沙拉，以水果、甜品和咖啡结束。蔬菜大多为卷心菜、豌豆、生菜。有趣的是，金盏花经常会用在沙拉里，既可以作为装饰品，也可以食用。而国宴用酒都存放在政府礼宾酒窖中，该酒窖建于 1922 年，坐落在白金汉宫附近的兰卡斯特宫。

（四）国宴礼仪及变迁

1. 维多利亚女王时期

座位：贵宾席（上座）为贵客。最重要的客人坐在女王右侧，其他客人按身份依次往后排，身份越低，离女王越远。

食物：维多利亚时代早期，食物仍摆在桌子上，客人可以自己取用。

花：在食物不再放在桌子上供客人自助取用后，插花成为装饰餐桌的一种方法。

酒水：提供上好的马德拉酒，但是女王一般喜欢喝威士忌。

在维多利亚女王 63 年的统治时期，皇家晚宴菜式的种类、礼仪制度发生了很大的变化，现如今的国宴标准、整套礼仪制度也大多始于此阶段。维多利亚时期，菜肴被一道道按顺序地呈现给客人这种正餐服务礼仪被确认。

此时期，宴会通常有 4~6 道菜式，每样菜式包含 7~9 盘菜。在更重要的场合，一定会有淋上牡蛎酱的鳕鱼，浇上坎伯兰郡特产酱的鸭肉丸及烤羊肉。这三道菜后来成为英国传统国菜。

用餐过程中，餐具柜上会摆放其他肉类，冷热皆有，供客人自取，以防两餐之间客人会饿，招待得十分体贴周到。当然，饭后的甜点也十分讲究，如通常要有巧克力泡芙。和所有君主一样，女王也有个人御厨。当然在重大晚宴上，还需要额外的厨师增援。如为准备女王的“钻禧”庆典，王室专门从法国找了 24 位主厨来帮忙。

2. 查理二世时期

座位：只有国王的家人、其他国家王室成员或者等级特别高的官员才可以和国王坐在一起。

食物：国宴上首次出现冰激凌，根菜类蔬菜很流行。

习俗：晚餐在下午 3 点开始，有专人设计如何将食物摆放到国王面前。

查理二世非常重视用餐问题，因为这直接彰显了他帝王的身份。晚宴上，他会坐在贵宾席，头顶上方还有一个华丽的天篷。桌子还要被垫高，好让每一个人都能一睹其尊荣。为国王服务时，必须时刻屈膝。进餐时，三个人为他服务，一个负责切肉，一个负责举杯子，一个负责其他服务。

查理二世时期的国宴并没有任何桌面装饰，因为国宴的菜式就完全已经让人感受到王室的高贵与荣耀。1671 年，查理二世在温莎城堡款待嘉德骑士时，第一道菜就有 145 盘菜，包括 16 桶牡蛎、2159 只家禽、1500 只小龙虾、6000 颗芦笋和 20 加仑的草莓。

在那场宴会上，查理二世还在超长的餐桌上装饰出一条流动的溪流。但那时还没有如今所熟知的一道道菜的区分，也没有用餐服侍时的具体步骤的规定。他在位期间，宴会中的甜点得以发展，查理二世非常喜欢水果，据说是英国第一个尝试菠萝的人。

3. 亨利八世

座位：国王和最重要的客人坐在贵宾席，国王最喜欢的客人坐其右侧。

餐桌：上好的亚麻桌布，摆上金银餐盘盛起来的食物，配有水晶酒杯，没有叉子。

食物：用餐整个过程中都可以吃到甜品，而不是在最后才吃甜品，但水果、坚果则放在最后食用。

习俗：从桌子上扔骨头给狗被绝对禁止，这是当时餐桌上最没有礼貌的行为。

从亨利八世开始设立贵宾席，等级最高或者最受尊重的宾客有权坐在国王的右侧，所有的规定都体现了等级制度，包括走进餐厅的顺序、方式。食物由一列仆人按顺序一盘盘端上来，大约有 20 盘，但只有国王的桌子才能端上来所有的菜肴。亨利时期，叉子还没有出现，人们用刀与手进餐，用餐时还必须保持优雅。

两国元首在晚宴上互赠礼物的传统，始于亨利八士与法国的弗朗索瓦一世 1520 年在 Field of the Cloth of Gold 的会晤。此后，在国事访问的第一天互赠礼物成为一种礼仪习俗。国王们收到过各种奇珍异宝，但最有趣的是一些活物，如 1792 年乔治三世收到埃及巴夏送的一只长颈鹿。后来，伊丽莎白女王获赠的动物们大多数都养在伦敦动物园里。还有一些特殊的礼品则捐赠给了特殊的机构或者博物馆，如新西兰政府赠送的毛里独木舟。

4. 爱德华四世

座位：国王和贵客就座于贵宾席，最重要的客人位于国王右侧。

餐桌：上好的亚麻布，餐碟或纯金银或镀银，没有酒杯、叉子。

食物：最好的鱼肉、甜品和肉类一起上，而不是单独端上来。

习俗：国宴从中午 11 点开始，一直持续 4 个小时。

皇家宴会在爱德华四世时期开始变得精致，所有礼仪在这个时期也变得复杂。爱德华授予一些仆人荣耀与等级，这些仆人被称为“servants of honour”，让他们专门在宴会时服侍。这时期最重要的一位服务员就是切肉的人，他能够在贵宾席为国王切肉，客人们的肉则是在厨房切好后再端出来的。

餐桌上摆放着精心制作的银质盐罐，盐罐通常会被打造成船的形状，还会被饰以宝石。稍尊贵的客人可以品尝上好的葡萄酒，而普通客人则只被允许喝麦芽酒。在用餐过程中，客人们还可以欣赏到戏剧表演，一般还会传达一些政治信息，当然更多时候娱乐性较强。

5. 威廉一世

座位：国王和地位较高的长者、宗教领袖坐在贵宾席。

餐桌：绣花亚麻桌布，金银餐具，没有酒杯和叉子。

习俗：从中午 11 点开始就座，国王经常会分发国宴上的食物给穷人。

威廉一世时期的国宴进餐会有很多步骤，每盘菜都经过精心的制作。只有贵宾席的客人才可以吃烤肉，而等级较次的客人则被招待以煮过的肉。多宝鱼一向是威廉一世最钟爱的菜品。

（五）国宴着装

参加白金汉宫的国宴，着装也非常考究。白金汉宫一般会建议客人们身着晚礼服，这包括白色领结、全套的庆典式晚礼服（燕尾服），或民族服饰。

三、俄罗斯国宴

俄罗斯国宴分为午宴和欢迎晚宴，由东道国元首亲自邀请和主持。午宴较为简短，欢迎晚宴一般会安排文艺演出。俄罗斯的国宴通常以传统的俄式菜肴招待客人，琳琅满目的面包、上等鲟鱼子酱、伏特加酒等缺一不可。国宴上的服务员身着俄罗斯传统服装，餐桌上的杯盘、烤肉专用的小瓷罐和刀叉等一律是传统的俄罗斯民间餐具。

俄罗斯的国宴还十分注重介绍宾客这个环节。在宴会开始之前，俄罗斯会聘请非常著名的“国嘴”来介绍宾客。1994 年，英国女王伊丽莎白二世对俄罗斯进行国事访问。俄方从全国广播员中挑选出水平最高的，在国宴上介绍女王。

（一）举办地

克里姆林宫有一个专用厨房，可以为200~250人提供餐饮服务。自斯大林时期开始，克里姆林宫厨房就保持着原汁原味，但叶利钦执政期间，厨房设备全面升级，现在，它已经用最新的厨房用品装备一新。圣彼得堡郊外的康斯坦丁宫也举办一些小型的宴会。

（二）国宴菜品

（1）开胃菜：焗蜗牛、熏鲑鱼、鹅肝酱、鱼子酱。

（2）汤：莫斯科红菜汤、清汤、奶油汤、蔬菜汤。

（3）主菜：一般为肉类或鱼类。

（4）甜点：布丁、冰激凌、奶酪、水果。

（5）最后上咖啡或茶。

厨房委员会由俄罗斯顶尖的厨师、宴会承包人、医生和技术顾问组成。朱可夫的新菜得到该委员会认可后，才会摆到克里姆林宫的饭桌上，或者一路绿灯，送到普京总统的盘子里。虽然普京和他的高级助手们拥有私人厨师，但朱可夫和他的30人的克里姆林宫厨房成员负责所有的总统宴会和招待会，克里姆林宫里的大约400人的工作人员的饭菜也全部由他们提供。

（三）俄式特色餐品

1. 拥有“俄罗斯国酒一号”美称的“克里姆林宫”牌伏特加

作为俄罗斯“生命之水”的国酒伏特加，是国宴上不可缺少的国酒。几年前，时任总统梅德韦杰夫表示，国宴要突出俄罗斯民族特色，采用优质的国产伏特加，于是下令总统事务管理局出面与俄罗斯酒厂联合研制并生产国宴特供酒。于是，“克里姆林宫”牌伏特加就诞生了，并成为现在国宴上不可缺少的国酒。

2. 热食：俄式猪脚

俄罗斯国宴菜单，有热食9道之多：俄式猪脚、俄式蔬菜汤、火焰串烧鸡肉串、火焰串烧羊肉串、火焰串烧牛肉串、俄式肉肠、彼得肉饼、焗烤酸奶蘑菇、烤俄式马铃薯蘑菇。俄式猪脚是俄罗斯国宴上常见的一道菜。把猪脚腌至入味后以烤箱烘烤至外皮酥脆、肉质软，非常够味，这是俄罗斯国宴上热食中的极品。

3. 热食：火焰串烧鸡肉串

鸡肉串烧是俄罗斯的招牌菜之一，其采用鸡腿肉，再以美乃滋腌制，上桌前另以伏特加火焰直接烧烤，风味独特，口感更是较一般串烧滑嫩，再配烤肉专用的小瓷罐和刀叉，突出浓郁的俄罗斯民族特色，国宴上呈现给外宾视觉及味觉的双重艺术秀。

4. 冷菜：腌制酸黄瓜

新鲜小黄瓜加上俄式腌制手法，腌制三天以上，不但入味还能保有新鲜小黄瓜的爽脆，是饮用伏特加时最佳的良伴，也是国宴上广受欢迎的冷菜。俄罗斯国宴上的冷菜还有：沙皇鲟龙鱼、俄式沙拉、烟熏鲑鱼卷、综合冷肉肠、综合蔬菜沙拉、鸡肉果仁沙拉、啤酒醉猪脚、俄式鸡腿卷、红鱼子酱沙拉、俄式面包、综合裸麦面包等。

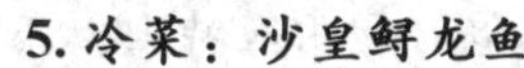

5. 冷菜：沙皇鲟龙鱼

由菜名就可知道是沙皇国宴钦点佳肴，把鲟龙鱼作为一种珍贵的美味菜肴，早在一世纪以前就流行于欧洲王公贵族及上流社会的筵席之间。精选送达餐厅时仍是活蹦乱跳的新鲜鲟龙鱼，仅需简单的调味，再以烤箱烘烤，将鱼鲜封住，即可享受鲜甜的原汁原味。

6. 冷菜：上等鲟鱼子酱沙拉

上等鲟鱼子酱是俄罗斯特产，搭配水煮蛋、生菜等，入口后可感受鱼卵在舌尖舞动，是顶级的前菜。

【知识链接】

克里姆林宫“御膳房”大揭秘

古往今来，在食物中投毒历来是王位争夺战中最常见的手段之一。为了确保国家元首“百毒不侵”，俄罗斯克里姆林宫的“御膳房”也采取了严格的安全措施。克里姆林宫是如何挑选“御厨”的？御膳房里又有怎样的严格规定？历来苏俄元首各有什么偏好？俄罗斯《莫斯科共青团员报》日前揭开了这层神秘面纱。

据报道，身为克里姆林宫御膳房中的工作人员，其职责便是将菜肴以最完美的形式呈献给最高统治者。因此，他们中无论大厨还是小工，都要接受安全机构的严格“政审”，只有那些身家清白、“根正苗红”的人才可入选。除了政治可靠、技术高超之外，这些入选者的家属中也不能有任何瑕疵，不能有身体、心理和宗教信仰方面的任何阴影，因为他们将随时出入国家领导人身边，任何细小的疏漏都可能酿成大错。

据历史学博士谢尔盖·捷维亚托夫介绍，亚历山大二世登基后，特设首席送菜官一职，此人每天的任务就是在两个身配无鞘佩剑的近卫军军官的陪同下，将食物送到沙皇的餐桌前，用佩剑将肉切开，放到沙皇夫妇的盘中。当然，每个沙皇都有不同的口味偏好和用人特点，而当年御膳房的工作人员都是“自由职业者”。1917 年以前，向皇宫输送大厨是莫斯科几家一流饭店的专利，皇宫中有专人负责从这些饭店中挑选大厨和服务生，并签下合同。如今的克里姆林宫厨房则是另一重天。大厨当然也是安全部门的正式工作人员，自然不存在“临时工”的现象。

克里姆林宫的御膳房设在大克里姆林宫内，从前那里是沙皇们饮酒作乐的地方，也是苏联时期领导人用膳的所在。叶利钦在位时的大总管博罗金对大克里姆林宫进行修复后，里面不仅有冰柜和炉灶，有库房和小型面包房，有凉菜、热菜和糖果点心操作间，还有淋浴室。所有工作人员进厨房之前都得洗个淋浴，不管在家里洗过淋浴与否。为总统做好的第一、第二和第三道菜用专门的保温器加上铅封后送去。如果不小心把铅封弄掉了，这可是个大事故。

御膳房的厨师都是经过精选的。他们中有做汤、做肉食和素食以及做蛋糕和馅饼的大师傅，也有各方面都拿手的多面手。所有厨师都需经过严格审查，还得定期给他们检查身体及进行各种化验。除了在莫斯科给总统做饭，这些克里姆林宫的厨师（连同下手）还随同普京到全国各地出差，甚至出国。而且他们还得比总统先赶到目的地，仔细检查一遍将给总统做饭的地方。他们随身带上原材料，有时连饮用水也带上。每次宴会前，厨师都得提醒总统哪些菜可以尝一尝，而哪些菜根本就不值得下箸。

模块三

多形式餐别彰显
高端奢华

在餐饮服务中，零点服务、宴会服务是餐饮服务员必须掌握的重要内容。除此之外，还有一些服务在实际工作中也会经常接触到，如自助式服务、鸡尾酒会服务、客房送餐服务等，各自的服务特色也对餐饮服务员提出了更多样化的要求。

项目七　自助餐服务

自助餐是一种由餐厅按照一定标准安排好菜肴品种，并在开餐以前将所有菜肴陈设在餐厅菜品台上，客人用餐时根据自己的喜好随意选取食品的、以自我服务为主的用餐形式。客人各取所需，服务工作的重点在于随时保持用餐环境有序、餐台整洁卫生。

学习目标

* 理解自助餐、冷餐会服务的任务和要求；
* 掌握自助餐、冷餐会服务各步骤的操作要求；
* 明确自助餐、冷餐会的程序和方法；
* 增强服务中细致、周到的职业能力；
* 具备有效的协调及沟通能力；
* 提升自我管理的专业素养。

任务 1 冷餐会

冷餐酒会可以在餐厅里或庭院花园里举行，其菜点以冷菜为主，菜肴丰盛、美观。席间客人可以自由活动，自行到菜台选取菜点、酒水、饮料，可单独设置吧台，也可由餐厅服务员端至客人间巡回敬让。

任务描述

2023 年 4 月 19 日，某国际大酒店宴会厅，某大学正在举行 100 周年校庆冷餐会活动，酒会现场气氛喜庆、热烈。

酒店承接这样一个酒会，需要做的工作有哪些？

任务要求

1. 熟悉冷餐会的服务过程。
2. 初步掌握冷餐会的布置及技能服务要求。
3. 掌握冷餐会各岗位服务人员的服务规程，并能按服务流程灵活提供相应服务。

任务实训

提供冷餐会服务

冷餐会从布置工作开始，各岗位服务人员要各司其职，共同完成服务工作，具体内容如下。

工作流程	服务规程	内容及要求
冷餐会布置	1. 主体和环境 2. 台面设计 3. 菜单设计 4. 立体及平面摆放 5. 餐具及盛器 6. 装盆与点缀 7. 灯光增色 8. 调酒与饮料 9. 乐队和音乐	
冷餐会服务	1. 引领员 2. 吧台调酒师 3. 酒水服务员 4. 餐台服务员 5. 餐桌服务员 6. 传菜员 7. 收款员	
注意事项		

任务探究

冷餐会菜肴以冷食为主，有时也备有一定数量的热菜。冷餐会要准备餐桌，餐桌上同时摆放着各种餐具，菜肴、饮料集中放在大餐桌上。宾、主根据个人需要，自己取餐具后选取食物，可以任意选择座位，也可站着与别人边谈边用餐。可不设座位，站立用餐，也可设少量小桌、椅子让需要者就座。冷餐会上提供的酒水一般单独集中在一处，宾、主既可自己上前选用，也可由服务员托盘送上。冷餐会举行的地点可在室内，也可在室外花园里。举办的时间通常在中午 12 点至下午 2 点，下午 5 点至 7 点。这种宴请形式适宜招待人数众多的宾客。

一、大型冷餐会的布置和具体要求

（一）冷餐会主题和环境

冷餐会不同于传统的中式宴请，是讲主题、讲环境、讲氛围、讲品位的宴请方式，同时又是可以轻松交流的交流场所。因此，不同的冷餐会应有不同的明晰的主题，不同的冷餐会要创造或设置于不同环境，必须在冷餐会的主题和环境上有不同的体现，既有共性，又有个性。

〖例〗

◎ 春节欢庆：

◎ 圣诞节：

◎ 活动宴请：

◎

（二）冷餐会台面设计

冷餐会台面是冷餐会中最占据视线、最反映氛围的部分，是冷餐会的大色块、大布局，是宴请的主色调。一般来说，有冷色调或暖色调之分。

* 冷餐会中，采用蓝白横拼的冷色调，反差冷峻而不失高雅。

* 招待会中，采用黄红相间的暖色调，揉入了基本色彩，充满了节日的喜庆而又不入俗套。

台面设计的基本要求，既要兼顾中外文化的传统习俗，又要追求色彩的创新和谐，体现冷餐会的主题和主人的喜好。

* 冷餐餐台可摆成一字形、圆形、回字形、半圆形等，还可采用拼接图式。

____

____

____

此外，为了避免拥挤、便于供应主菜（如烤肉等），可设置独立的供应摊位。客人手持盛满菜肴的餐盘穿过人群是比较危险的，各种冷点应单设摊位。

冷餐会可分为设座位和不设座位两种形式，其餐台设计形式也各不相同。

* 设座冷餐会的布置：______________________________

____

* 不设座冷餐会的布置：______________________________

____

（三）冷餐会菜单设计

菜单设计首先要坚持整体性，在为主题服务的前提下，充分考虑主、客人的意见和餐饮习惯。同时，又要坚持多样性，每一组菜不要少于 50 种。

* 在类别上：______________________________

* 在烹制上：______________________________

* 在用料上：______________________________

餐单设计与台面设计要相辅相成，冷暖搭配，深浅搭配。

* 台面较深，主菜色彩可以从浅，______________________________

* 台面较浅，主菜可艳丽些，______________________________

此外，餐单设计要注意预制菜肴、厨房热菜和冷餐会现场操作的配合。现场操作，既可增加宾客食欲，也有利于保证菜肴质量，特别为外宾所青睐。

（四）冷餐会立体及平面摆放

冷餐会的桌面菜肴摆放，较之以往大多是平摊着几个盒子、平排着几个保温锅的摆放方式，现在更注重在菜肴摆放上突出平面摆放的层次感以及桌面摆放的立体性。

请根据本课任务，设计甜点餐品的台面。

甜品种类：______________________________

甜品台面简图：

（五）冷餐会餐具及盛器

餐具及盛器一直是餐饮文化中的重要一环，在冷餐会上尤为重要。现代制造技术及文化的发展创造了各种新材料、新工艺、新造型的器皿，所以，要大胆寻找和使用具有现代造型美的器皿，用于冷餐会的菜肴、点心、水果等的装盆、点缀，可以起到事半功倍的效果。

（六）装盘与点缀

冷餐会菜肴装盆，既要美观又要实用，既要丰富多彩又要便于取食。

（1）装盆要有一定的图形，有完整的外观，给人以美感。

（2）因冷餐会自由取食的特点，要求在装盘时必须给客人提供方便，便于快捷取食，利于客人不要把菜肴弄得支离破碎且又手忙脚乱，以致后到的客人产生厌恶感。

（3）装盆的点缀，无论中菜、西菜，一般都以素菜作为烘托，不要喧宾夺主，要突出主菜本身，点缀的素菜要在品种和形式上多有变化，避免千篇一律。

（七）灯光增色

局部灯光的使用是冷餐会上很重要的内容，主要指直接照射菜肴的辅助光源的设计和使用。辅助光源（如射灯）照射在菜肴上，可以起到两个基本作用：保温和增色。所谓保温是指可以对热菜或点心起到防冷却的作用；所谓增色是指不同光谱的灯光，可以给不同色彩的菜肴增添色彩，增加美感。如再配以一定的烟雾效果等，更能够增进菜肴的色、香、味。

（八）冷餐会调酒与饮料

冷餐会相对传统的宴会，更具自由交流的特点，因此酒和饮料的作用就更为重要。高档的冷餐会，除了酒和饮料的多样性外，可以增加调制酒，可以在现场设调酒师调酒，以活跃现场气氛。

（九）冷餐会乐队和音乐

优美的音乐和训练有素的乐队，是大型冷餐会高档次的重要表现。在音乐播放上，古典与流行要交替进行。

请根据本课任务，选择一些音乐曲目：________________________________

____

乐能助酒，乐能助兴，好的音乐和乐队，更能使参会宾客敞开心胸，相互交流，这也是冷餐会举办的宗旨所在。

二、冷餐会服务规程

（一）迎领员

* 客人来到宴会厅门口：________________________________

* 客人签到：____

* 客人进入宴会厅：____________________________________

____

* 酒会结束时：______________________________________

（二）吧台调酒师

* 酒会开始前：______________________________________

* 酒会开始前 10 分钟：________________________________

* 酒会过程中：______________________________________

* 酒会结束前 10 分钟：________________________________

（三）酒水服务员

* 客人进入宴会厅：____________________________________

* 客人用餐过程中：____________________________________

* 其他事宜：____

（四）餐台服务员

* 酒会开始后：
* 客人用餐过程中：
* 其他事宜：

（五）餐桌服务员

* 坐式酒会：
* 立式酒会：
* 其他事宜：

（六）传菜员

* 菜点传送：
* 餐具撤换：
* 餐酒具添补：
* 其他事宜：

（七）收款员

* 菜点费用计算：
* 酒水费用计算：
* 其他费用计算：
* 汇总账单：
* 提供结账收款服务：

三、酒会注意事项

* 酒会结束：

* 酒会进行过程中：

* 酒水结束后：____

____

* 其他事宜：____

____

* 菜肴换碟服务：____

____

* 其他：____

____

任务评价

评价内容		评价标准	评价	
			小组互评	教师评价
冷餐会布置	1. 主体和环境 2. 台面设计 3. 菜单设计 4. 立体及平面摆放 5. 餐具及盛器 6. 装盆与点缀 7. 灯光增色 8. 调酒与饮料 9. 乐队和音乐			
冷餐会服务	1. 热情迎宾 2. 调酒师服务 3. 酒水服务 4. 餐台服务 5. 餐桌服务 6. 传菜服务 7. 收银服务			
总　评：	优秀 □	良好 □	基本掌握 □	
自我评价：				
教师建议：				

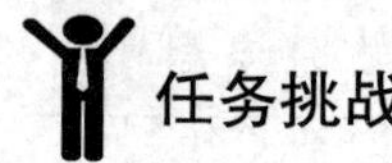

任务挑战

以小组为单位，自拟一个主题，设计一个冷餐会餐台。

要求：主题突出，布置设计围绕主题展开，并富有创意。

任务2 自助餐宴会

自助餐英文为Buffet，原意是冷餐会、酒会。自助餐随着一些世界级连锁五星级酒店向外的进驻，被广泛引进，成为餐饮界时尚的饮食文化及餐饮消费形式。酒店接到一个自助餐宴会的任务时，需要仔细策划。

任务描述

某公司庆祝新产品上市，在酒店宴会厅举行庆典仪式并设自助餐接待宾客。要求自助餐宴会现场气氛热烈、轻松。

酒店承接这样一个自助餐宴会，如何提供针对性服务？

任务要求

1. 熟悉自助餐宴会的服务过程。

2. 初步掌握自助餐宴会的布置及技能服务要求。

3. 掌握自助餐宴会各岗位服务人员的服务规程，并能按服务流程灵活提供相应服务。

任务实训

提供自助餐宴会服务

自助餐宴会从接受预订、布置工作开始，各岗位服务人员要各司其职，共同完成服务工作，具体内容如下。

工作流程	服务规程	内容及要求
自助餐宴会布局	1. 宴会布局 2. 餐台设计 3. 餐桌摆台 4. 餐台陈列 5. 检查	
自助餐服务	1. 迎领服务 2. 餐台服务 3. 传菜服务 4. 餐桌服务 5. 餐后结束工作	

任务探究

自助餐宴会是一种流行的款待宾客的方式，并且非常适合用于商务客人、外交使节、公关销售人员的聚会，席间宾客可以随意自取食物和饮料。有些大型宴会，主办单位为了服务方便，也采用自助餐形式。

一、自助餐的含义

自助餐是指客人支付规定数量的钱款（或签单）后，从餐厅预先布置好的餐台上自己动手任意选择喜爱的菜点，然后在餐桌上享用菜点的一种用餐形式。

二、自助餐的特点

（一）菜点丰富，价格低廉

客人支付规定数量的钱后即可品尝到品种繁多的菜肴、点心，且不限取食次数，所以客人用餐较为自由。

（二）进餐速度较快

客人付钱进入餐厅后，无须点菜并等候，即可取食菜点，较为适合现代社会快节奏的生活方式，同时也可使酒店提高餐厅的座位利用率。

（三）人力费用较低

因为客人是自取菜点，服务员仅需提供简单的服务，如酒水服务、整理餐桌、补充菜点和餐具等，这样可使酒店节省人力资源，降低费用。

三、自助餐宴会的布置

丰盛而讲究的自助餐宴会，有着明显的产品推销作用，厨师长可以根据厨房存货情况，决定自助餐菜单。只要菜单合理，菜肴口味适合于客人，食品就会很快销售出去。因此，菜肴如何摆放才能更吸引客人，就成了宴会设计者的一项关键性工作。

（一）自助餐宴会布局

1. 座式自助餐宴会

考虑宴会厅整体的布局，自助餐台可设立于宴会厅两侧，客人就餐用的餐台位于中央部位，并要突出主台，横幅、鲜花、植物、演讲台、麦克风等也不可缺少。

请根据本课任务，列举场地布置所需要的主要物品清单：

____

____

2. 站立式自助餐宴会

自助餐宴会还可采用站立用餐方式，即客人取完食品后，随意选择站立的位置用餐，这种宴会适用于时间短暂的集会。自助餐台可设立于宴会厅四周，也可设立于宴会厅中央部位。大厅布置一定要宽敞，并分区域设立些小型的服务台，台上摆放烟灰缸、口纸杯等简单物品，供客人使用。

与座式自助餐会的区别：____________________________

____

____

（二）餐台设计

1. 自助餐台布局

自助餐台，又称菜点陈列台，通常设在餐厅靠墙的一侧，也可设在餐厅的中央或一角。其台形与冷餐酒会的台形相似，一般以一字形长台居多，也可是方形或圆形台。

* 如果餐厅客流量较大：____

____

* 若仅有一个主台，也应进行分区设计：______________________________

____

____

* 自助餐台应铺上台布，围上桌裙，热菜（点）台（区）还应备有保温炉：____

____

自助餐宴会的布局，首先要根据预订就餐人数来确定，同时还要考虑宴会厅的形状与大小。例如，通常一个自助餐台的食品可招待 80 位客人，若预订人数超过 120 人，就要准备两个自助餐台。

2. 自助餐台设计

美观大方且实用的自助餐台，不仅能让客人尽享佳肴，同时宾客还可以饱览自助餐台的装饰及整体艺术效果。

* 自助餐台设计一定要线条美观、流畅，既要便于客人取食物，又要具有艺术性。可采用台形：长方形、________________________________

____

* 自助餐台设计还要注意层次感，装饰物摆放要高低错落，以尽显其美观造型。常用的装饰物：____

____

* 自助餐台的台布和台裙也十分讲究，其颜色搭配和造型均要具有一定的风格：____

____

* 菜肴的装饰也十分重要，特别是冷菜、甜点、面包、蔬菜、水果沙拉等：____

____

（三）餐桌摆台

通常的自助餐摆台采用西餐零点摆台方式，但可不放纸垫式菜单（早餐）和展示盘（正餐）。若酒店客源以内宾为主，也可采用中餐零点摆台方式，但应备好所需餐具以满足客人需要。

1. 准备摆台的相应餐用具

____

____

____

2. 摆放相应餐用具及餐巾花等

____

____

____

（四）餐台陈列

开餐前应将所有菜点、饮料及餐盘等餐具陈列在餐台上。

* 餐台装饰：______________________

* 餐具陈列以便客人取用：______________________

* 饮料区准备：______________________

* 热菜区准备：______________________

* 取食菜点的服务用具摆放区准备：______________________

* 煎煮台（区）准备：______________________

____

（五）检查

餐前准备工作做好后，应仔细检查有无疏漏或不妥之处，如有发现应及时纠正，最后整理自己的仪容仪表，在规定位置上站立恭迎客人的到来。

四、自助餐服务规程

（一）迎领服务

* 客人来到餐厅的迎接及引入：______________________

____

* 如住店客人可享受免费自助早餐：________________________

____

* 如住店客人无免费早餐，或是非住店客人，或是自助正餐：__________

____

* 如是团队客人：________________________

____

* 客人人数统计及记录：________________________
* 客人就餐完毕：________________________

____

（二）餐台服务

* 饮料斟倒、餐具递送、菜点介绍：________________________

____

* 菜点整理及代客取送：________________________

____

* 餐具更换及补充：________________________

____

* 菜点补充：________________________

____

* 其他事宜：________________________

____

（三）传菜服务

* 菜点、餐具补充：________________________

____

* 餐厅与厨房的联络、协调工作：________________________

____

* 餐具撤换：________________________

____

* 其他事宜：________________________

____

____

（四）餐桌服务

* 拉椅让座：________________

* 酒水推销：________________

* 客人离座取菜时：________________

* 餐巾纸、调料、烟灰缸服务：________________

* 为客人取送菜点、饮料：________________

____

* 巡视服务：________________

* 客人用餐结束后：________________

____

* 其他事宜：________________

____

____

（五）餐后结束工作

自助餐的餐后结束工作，与中餐、西餐零点服务基本相同，其不同之处有以下几方面。

（1）将多余的菜点撤至厨房处理。

（2）搞好自助餐台、保温设备等的卫生。

（3）如台布有污渍或破损，应及时更换。

____

____

五、自助餐服务注意事项

* 酒会结束：________________

____

* 酒会进行过程中：________________

____

* 酒水结束后：________________

____

* 其他事宜：________________

____

任务评价

<table>
<tr><th colspan="2" rowspan="2">评价内容</th><th rowspan="2">评价标准</th><th colspan="2">评价</th></tr>
<tr><th>小组互评</th><th>教师评价</th></tr>
<tr><td>自助餐宴会布局</td><td>1. 宴会布局
2. 餐台设计
3. 餐桌摆台
4. 餐台陈列
5. 检查</td><td></td><td></td><td></td></tr>
<tr><td>冷餐会服务</td><td>1. 迎领服务
2. 餐台服务
3. 传菜服务
4. 餐桌服务
5. 餐后结束工作</td><td></td><td></td><td></td></tr>
<tr><td colspan="5">总　评：　　优秀 □　　良好 □　　基本掌握 □</td></tr>
<tr><td colspan="5">自我评价：</td></tr>
<tr><td colspan="5">教师建议：</td></tr>
</table>

任务挑战

以小组为单位，自拟一个主题，设计一个自助餐台。

要求：主题突出，布置设计围绕主题展开，并富有创意。

项目八　鸡尾酒会服务

鸡尾酒会是较流行的社交聚会形式，适用于小型庆典、纪念、告别、开业典礼或社交聚会等。鸡尾酒会以供应酒水为主，也可提供简单的菜肴和甜点，与会客人可以尽情敬酒交谈，气氛热烈，环境幽雅。鸡尾酒会可以在餐厅里或庭院花园里举行，通常不设座席。

学习目标

* 理解鸡尾酒会服务的任务和要求；
* 掌握鸡尾酒会服务各步骤的操作要求；
* 明确鸡尾酒会的程序和方法；
* 增强服务中细致、周到的职业能力；
* 具备有效的协调及沟通能力；
* 提升自我管理的专业素养。

任务1　室内鸡尾酒会

鸡尾酒会可以在餐厅里或庭院花园里举行，通常不设座席。在厅堂的一角置几张餐台，放上酒水饮料和各式小点心。酒会的主人需要注意：所准备的点心一定要让宾客能站着方便地食用。小巧精致的干点为佳，不要有汤水，当然也不能咬一口就碎屑掉落一地；酒水注意不要倒得太满，大半杯最合适。另外，要记得多准备些餐巾纸供宾客取用。细心的主人若预计来客中会有数位老者，最贴心的布置就是添上几把椅子。

任务描述

圣诞将至，酒店多功能厅于12月25日将举行“相约圣诞之夜”的鸡尾酒会款待来参加聚会的50多位客人。

酒店将如何根据人数及具体需要进行场地的布置、酒会设计及提供服务？

任务要求

1. 熟悉鸡尾酒会的服务过程。
2. 初步掌握室内鸡尾酒会的布置及技能服务要求。
3. 掌握举行室内鸡尾酒会服务规程，并能按服务流程灵活提供相应服务。

任务实训

提供室内鸡尾酒会服务

在接到室内鸡尾酒会服务任务时，各岗位服务人员要各司其职，共同配合进行餐前准备、餐中服务、餐后结束工作，具体内容如下。

工作流程	服务规程	内容及要求
餐前准备	1. 鸡尾酒会的设计 * 鸡尾酒会的布局 * 吧台设计 * 摆放餐桌 * 摆放小吃 2. 了解酒会任务 3. 现场设备调试 4. 食品准备 5. 用具准备	
餐中服务	1. 迎宾服务 2. 酒水饮料服务 3. 菜点服务 4. 巡台服务	
餐后结束	1. 送客服务 2. 整理场地	

任务探究

鸡尾酒会与冷餐会最主要的区别是不设餐台。由于鸡尾酒会的形式较为灵活，以供应酒水为主，略备菜肴和小吃，且具有来去自由、交流广泛的特点而深受客人（特别是欧美客人）欢迎。

一、餐前准备

开餐前半小时要将一切准备工作做好。场地大小主要根据参加的人数而定，但每人至少应有 1 平方米左右的活动空间。

（一）了解鸡尾酒会任务内容

接到鸡尾酒会的通知时，应了解基本情况：了解宴请的单位、主要人物、时间、地点及人数。了解方案中对桌椅摆放、台形设计等所需设备的细节要求。

（二）鸡尾酒会的设计

1. 鸡尾酒会的布局

鸡尾酒会应有较大的空间，以适应客人走动和交谈的需要。酒吧作为重点布局项目，要摆设美观、酒水丰盛。调酒师应专业、干练、举止优雅、态度谦和。食品摆放采用自助餐形式。

* 搞好餐厅的清洁卫生：________________________________

____

* 按主办者的主办目的和要求设计布置酒会会标，并装饰餐厅。

会标设计、装饰要点：________________________________

____

2. 吧台设计

鸡尾酒会的吧台设计与冷餐酒会大致相同，两者的区别主要有两点：一是吧台数量。鸡尾酒会一般是每 50 位客人设置一个吧台。二是酒水数量。鸡尾酒会一般按每人每 6 小时 3.5 杯左右的标准准备酒水数量（每杯 220~228 毫升）。

根据本课任务确定所需吧台数量：________________________

根据本课任务确定所需酒水数量：________________________

3. 摆放餐桌

根据具体细节要求摆放台形、桌椅。

* 在餐厅内摆放一定数量的小型餐桌（方桌或圆桌），应注意餐桌之间的距离要适宜，以便客人和服务人员行走。

* 在餐厅四周摆放少量椅子，以方便需要者使用。

餐桌摆放设计：________________________________

____

4. 摆放小吃

在酒会开始前半小时左右在餐桌上摆放各种干果和小吃，同时摆上牙签筒

（鸡尾酒会上客人用牙签取食）、餐巾纸、烟灰缸等。另外，致辞台、签到台的准备和酒水的斟倒等与冷餐会相同。

（三）现场设备调试

根据具体细节准备所需的各种设备，如麦克风、横幅等。调试整个场地的音响，准备话筒（立式或座式），对空调、灯光进行检查，如发现问题立即通知工程部。

根据本课任务，确定所需设备名称：____

____

（四）食品、器具准备

根据本课任务，确定所需食品名称、数量：__________________________________

____

根据本课任务，确定所需器具名称、数量：__________________________________

____

二、餐中服务

鸡尾酒会服务过程中各岗位服务员（除餐台服务员）的工作与冷餐酒会基本相同。稍有不同的是鸡尾酒会是在开始后才陆续送上热菜、热点，摆放在餐桌上由客人用牙签或点心叉取食物（或由餐桌服务员巡回托送）。

（一）迎宾服务

在入口处迎宾，将客人迎领到鸡尾酒会场地。服务人员分类托酒水立于门口两侧排列迎客，同时，鸡尾酒会场内应有服务人员托着酒水及饮品穿梭在人群中，让客人自由选择。

（二）酒品饮料服务

各种酒品饮料由服务员托让（鸡尾酒由宾客在酒台直接向调酒师要，现要现调），由于宾客是立餐，流动性大，因此服务员在让酒时的姿势必须规范，用一只手托托盘，另一只手随时准备向前伸展，护住托盘。

让酒水时，必须精神集中，注意向前后左右，主动将酒品饮料送给客人。行走时如宾客过多，确实不能通过时，要客气地对宾客说“对不起，请让一下”，待宾客让开时再通过，绝不能用手拉开宾客强行通过。在酒品饮料设计中，大型鸡尾酒可作为特饮在酒会中出现。

当宾主祝酒时托让酒水一定要及时，如有香槟酒，要保证祝酒时人手一杯香槟酒。托让酒水要注意配合，服务员不要同时进入场地，又同时返回，造成场内无人服务。安排专人负责回收空酒杯，以保持桌面清洁，不要边让酒水边收空杯，那样很不卫生。如遇宾客把刚用过的酒杯主动放在服务员的托盘上而另换饮料这种情况，也不必制止宾客，以免造成误会。

（三）菜点服务

* 在酒会开始前半小时：把各种干果摆在小桌上，前 10 分钟把各种面包摆在小桌上。

注意事项：______________________________

* 酒会开始后，陆续上各种热菜、热点，随时注意撤回各种空盘。由于酒会的桌面小，冷、热食品较多，服务中要抓紧时间清理桌面保持桌面清洁。

注意事项：______________________________

* 在酒会结束前，给每张小桌上摆放一盘香巾（纸巾），香巾（纸巾）的数量不少于该桌宾客数。

注意事项：______________________________

* 酒会结束，仍有宾客未离开时，应留有专人继续服务。

服务内容：______________________________

* 其他应注意事宜：服务小吃的人员最好跟在酒水服务员的后面，以便宾客取食下酒。要注意多服务距小桌较远的宾客，特别是坐在厅堂两侧的女宾和年老体弱者取食。

（四）巡台服务

鸡尾酒会中，每位服务员都应勤巡视，递送餐巾、酒水和食物。

* 安排部分服务员托酒水于全场巡视，给客人加、换酒水和换烟盅。

添加、更换的时机：______________________________

* 不断巡视周围台面，及时把客人用完的餐具、杯子等收回备餐间。

收取的时机：______________________________

* 负责自助餐台的服务人员要保持台面清洁，脏的分羹勺、叉、面包碟应及时换成干净的。

清理、更换的时机：______________________________

三、餐后结束工作

鸡尾酒会一般进行 1~1.5 个小时。酒会结束时，服务员应列队或目送客人出门，并欢迎宾客再次光临。

如宾客有自带酒水，应马上点数，请宾客过目；宾客离开后，服务员负责撤掉所有物品，余下酒品收回酒吧存放。

进行场地清理，脏餐具送洗涤间，干净餐具送回家私柜摆放，撤下台布，收取桌裙，为下一餐做准备。

四、鸡尾酒会的其他事项安排

* 可在任何厅内或有一定空间的场地举行。

根据本课任务选择场地：____________________

* 所需设备：讲台、立式麦克风、沿墙长椅、公司旗帜、标记、标题横幅等。

特别需要注意：____________________

* 花卉：根据方案的要求和场地的情况选用，有时作为一般收费项目。

花卉设计：____________________

* 菜单：可按确定的鸡尾酒菜单准备，价格主要根据原材料的质量确定，也可选用特定的菜品。

特色设计：____________________

* 酒水饮料：由各种酒吧供应，如果包价中含饮料酒水，则根据标准选用酒水品种。

饰品类型：____________________

* 音乐：一般采用轻音乐、背景音乐，也可根据主办单位的要求准备音乐，或由主办单位提供。

选用的乐曲：____________________

* 其他：场内要摆放带有本公司 Logo 和主办单位 Logo 的展架或海报等。

摆放安排：____________________

任务评价

评价内容		评价标准	评价	
			小组互评	教师评价
餐前服务	鸡尾酒会设计	1. 酒会布局 2. 吧台设计 3. 摆放餐桌 4. 摆放小吃 5. 了解任务 6. 现场调试 7. 食品、用具准备		
餐中服务	迎宾服务	1. 热情迎宾 2. 酒水饮料服务 3. 菜点服务 4. 巡台服务		
	席间服务	1. 调整餐用具 2. 菜肴 / 酒水服务 3. 巡台服务 4. 撤换烟灰缸 5. 突发状况处理		
餐后服务	结束工作	1. 结账服务 2. 礼貌送客 3. 整理场地		
总　评：	优秀 □	良好 □	基本掌握 □	
自我评价：				
教师建议：				

任务挑战

以小组为单位，自拟一个主题，设计一个室内鸡尾酒餐台。

要求：主题突出，布置设计围绕主题展开，并富有创意。

任务 2　草坪鸡尾酒会

鸡尾酒会形式简单、方便、活泼，既节省费用，又节约时间。因此，它是一种很受欢迎的宴会形式。由于有些客人希望在自己的家里、公司或户外举行鸡尾酒会，以彰显身份和排场，酒店会按收费的标准类型准备酒水、器皿和酒吧工具，运到客人指定的地方。这种类型的酒会应做好充分准备，因为不像在酒店里，缺什么临时可以补充；冰块和玻璃杯要准备得十分充足。各种类型的酒水也要准备足够，除了“定额消费”酒会可以按定额运送酒水外，其他消费形式的酒会宁可多运送一些品种、数量的酒水，也不要等到酒水不够后再运送。

任务描述

靳先生夫妇计划在女儿 20 岁生日那天在酒店露天花园里聚会——鸡尾酒会，届时将邀请一些同事跟朋友参加。

为获得酒会的成功，靳先生夫妇正筹划着如何举办这次酒会，他们需要酒店的帮助。

任务要求

1. 熟悉室外鸡尾酒会的服务过程。
2. 初步掌握草坪鸡尾酒会的布置及技能服务要求。
3. 掌握举行草坪鸡尾酒会服务规程，并能按服务流程灵活提供相应服务。

任务实训

提供室外鸡尾酒会服务

在接到室外鸡尾酒会服务任务时，各岗位服务人员要各司其职，共同配合进行餐前准备、餐中服务、餐后结束工作，具体内容如下。

工作流程	服务规程	内容及要求
餐前准备	1. 鸡尾酒会的设计 * ______ * ______ * ______ * ______ 2. 了解酒会任务 3. ______ 4. ______ 5. ______ ______	______ ______ ______ ______ ______ ______ ______ ______ ______ ______
餐中服务	1. ______ 2. 酒水饮料服务 3. ______ 4. ______ ______	______ ______ ______ ______ ______
餐后结束	1. 送客服务 2. 整理场地	______ ______ ______ ______ ______

任务探究

鸡尾酒会实际是以品尝多种酒配制的混合饮料为主的宴会，所以除饮料、鸡尾酒、各种酒（不包括烈性酒）外，只提供各种下酒小吃，如三明治、面包、曲奇饼、切块水果等，这些小点心和水果一般用小的餐叉或牙签直接取食，因此鸡尾酒会不属于正餐。鸡尾酒会一般安排在下午 5 点至 7 点，这在美国叫作鸡尾酒时间。

一、餐前准备

根据客人预订做好工作的分工、联系运输车辆，充分考虑室外场地与室内场地之间的差别，以确保到场布置无缺漏。在鸡尾酒会开始前半小时将一切准备工作做好。场地设计可根据选址而定，充分考虑参加的人数，满足每人基本的活动空间。

（一）了解鸡尾酒会任务内容

岗位分工：________________

联络部门：________________

（二）鸡尾酒会的设计

1. 鸡尾酒会的布局

* 对鸡尾酒会开展的空间要求

室外场地的特点：________________

面积要求：________________

* 对调酒师的要求

着装：________________

物品摆放：________________

* 做好场地的管理

布局安排：________________

电源安装：________________

垃圾清理：________________

其他：________________

* 按主办目的和要求设计布置酒会会标，并装饰餐厅。

会标设计、装饰要点：________________

2. 吧台设计

鸡尾酒会的吧台设计与冷餐酒会大致相同，其间的区别通常有以下两点。

* 一是吧台数量：________________

* 二是酒水数量：________________

根据本课任务确定所需吧台数量：________________

根据本课任务确定所需酒水数量：________________

3. 摆放餐桌

根据具体细节要求摆放台形、桌椅。

* 小型餐桌（方桌或圆桌）摆放的要求：____

____

根据本课任务确定所需餐桌数量：____

* 椅子摆放的要求：____

____

根据本课任务确定所需椅子数量及摆放设计：______________________________

4. 摆放小吃

* 摆放的时间要求：____

* 摆放的内容要求：____

* 致辞台、签到台的准备和酒水斟倒的要求：______________________________

（三）现场设备调试

* 调试的设备种类

根据本课任务，确定所需设备名称：____

____

* 调试的方法及要求：____

____

（四）食品、器具准备

根据本课任务，确定所需食品名称、数量：______________________________

____

根据本课任务，确定所需器具名称、数量：______________________________

____

二、餐中服务

与冷餐酒会相比，鸡尾酒会是在开始后才陆续送上热菜、热点，摆放在餐桌上由客人用牙签或点心叉取食物（或由餐桌服务员巡回托送）。

（一）迎宾服务

* 站姿：____

* 仪容仪表：____

＊仪态姿势：

＊操作流程：

（二）酒品饮料服务

＊酒水托让：

＊操作标准：

＊服务技巧：

＊其他事宜：

（三）菜点服务

＊在酒会开始前半小时

服务内容与要求：

＊酒会开始后

服务内容与要求：

＊在酒会结束前

服务内容与要求：

＊酒会结束后

服务内容与要求：

＊其他事宜：

（四）巡台服务

鸡尾酒会中，每位服务员都应勤巡视，递送餐巾、酒水和食物。请根据本课任务，确定以下工作内容。

＊巡场人员安排：

＊巡视内容要求：

＊巡视流程及操作技巧：

三、餐后结束工作

＊酒会结束时

服务内容与要求：

* 宾客自带酒水的处理

服务内容与要求：______

* 宾客离开后

服务内容与要求：______

* 场地收拾整理工作

服务内容与要求：______

* 其他事宜：______

任务评价

<table>
<tr><th colspan="2" rowspan="2">评价内容</th><th rowspan="2">评价标准</th><th colspan="2">评价</th></tr>
<tr><th>小组互评</th><th>教师评价</th></tr>
<tr><td>餐前服务</td><td>鸡尾酒会设计</td><td>1. 酒会布局
2. 吧台设计
3. 摆放餐桌
4. 摆放小吃
5. 了解任务
6. 现场调试
7. 食品、用具准备</td><td></td><td></td></tr>
<tr><td rowspan="2">餐中服务</td><td>迎宾服务</td><td>1. 热情迎宾
2. 酒水饮料服务
3. 菜点服务
4. 巡台服务</td><td></td><td></td></tr>
<tr><td>席间服务</td><td>1. 调整餐用具
2. 菜肴 / 酒水服务
3. 巡台服务
4. 撤换烟灰缸
5. 突发状况处理</td><td></td><td></td></tr>
<tr><td>餐后服务</td><td>结束工作</td><td>1. 结账服务
2. 礼貌送客
3. 整理场地</td><td></td><td></td></tr>
<tr><td colspan="5">总　评：　　优秀 □　　良好 □　　基本掌握 □</td></tr>
<tr><td colspan="5">自我评价：</td></tr>
<tr><td colspan="5">教师建议：</td></tr>
</table>

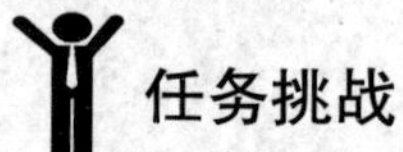

任务挑战

以小组为单位，自拟一个主题，设计一个室外鸡尾酒餐台。

要求：主题突出，布置设计围绕主题展开，并富有创意。

【知识链接】

参加鸡尾酒会的注意事项

（1）忌早到。既不要提前到，也不要结束后拖延不离开。

（2）忌用又冷又湿的右手和人握手（记得用左手拿饮料）。忌右手拿过餐点就和别人握手（请用左手拿餐点）。

（3）忌和别人说话时东张西望，这是非常不礼貌的。

（4）忌抢着和贵宾交谈，不给别人留机会与贵宾交谈。

（5）忌霸占餐点桌，以致别的客人没机会接近食物。

（6）忌把烟灰弹到地毯上，或拿杯子当烟灰缸。

（7）鸡尾酒会通常不设座椅，目的是促使客人走动，增加交往范围。这时不应当把注意力集中在食物上，而是应当去和更多的人交谈。

（8）有时服务生拿着托盘在场内走动，可以在他的托盘中拿取食物、酒水。有的食物是用牙签串着的，有的则没有牙签，需要用手拿，在拿食物的时候应当拿一张纸巾，随时擦自己的手和嘴。

（9）应当左手拿杯，随时准备伸出干净的右手去和别人握手。用完的酒杯和纸巾等，应当在服务员经过时递给他们，不要扔到地上。

（10）通常在酒会中，会有主人向主宾敬酒。在主人和主宾致辞祝酒时，其他人应暂停进餐，停止交谈，注意倾听。碰杯时，主人和主宾先碰，人多可同时举杯示意，不一定碰杯。祝酒时注意不要交叉碰杯，碰杯时要目视对方致意。

任务 3　沙滩鸡尾酒会

相较于室内鸡尾酒会，沙滩鸡尾酒会氛围更轻松、热烈，作为人们的社交活动方式之一，常适用于庆祝或纪念活动，以联络和增进感情，更受年轻人欢迎。

任务描述

因为即将出现的流星雨现象，酒店策划了一次夜间的沙滩派对活动，邀请30多位观星爱好者参加。希望让每位参与者满意而来、尽兴而归。

任务要求

1. 熟悉沙滩鸡尾酒的服务过程。
2. 初步掌握沙滩鸡尾酒会的设计与要求。
3. 掌握举行沙滩鸡尾酒会服务规程，并能按服务流程灵活提供相应服务。

任务实训

提供沙滩鸡尾酒会服务

在接到沙滩鸡尾酒会服务任务时，各岗位服务人员要各司其职，共同配合进行餐前准备、餐中服务、餐后结束工作，具体内容如下。

工作流程	服务规程	内容及要求
餐前准备	1. 鸡尾酒会的设计 * ______ * ______ * ______ * ______ 2. 了解酒会任务 3. ______ 4. ______ 5. ______	
餐中服务	1. ______ 2. 酒水饮料服务 3. ______ 4. ______	
餐后结束	1. ______ 2. ______	

任务探究

鸡尾酒会以饮鸡尾酒为主、各种小吃为辅，让人们在放松、开心的氛围中享受生活。各种形式的鸡尾酒会中，沙滩鸡尾酒会更为随性自在、更为年轻人所喜欢。

一、沙滩鸡尾酒会特点

（一）不必准时

尽管鸡尾酒会有时会在请帖上约定固定时间，但实际上，何时到场一般可由宾客自己掌握，不一定非要准时到场。

（二）不限衣着

参加酒会，不必像正式宴请那样穿着正式，只要做到干净、整洁、大方即可。

服务人员的着装可选择：________________________________

（三）自选菜点

酒会上采用自选方式，宾客可根据自己口味偏好去选择自己需要的点心和酒水。

点心、酒水的准备要求：________________________________

（四）不排席次

酒会上，用餐者一般均需站立，没有固定的席位和座次，但主人最好设置一些座位，供年长及疲惫者稍作休息之用。

____

（五）自由交际

由于不设座位，酒会具有较强的流动性，宾客之间可自由组合，随意交谈。

二、筹备沙滩鸡尾酒会

接待人员在筹备酒会时，应仔细谨慎，尽量考虑周全，做到不失礼节，让来宾感觉轻松自如、方便自在。这样的鸡尾酒会才是一个高质量的酒会，才能收到良好的社交效果。

使客人方便舒适是鸡尾酒会举办成功的一个标准。因此在筹备时，要着重考虑以下几方面。

（一）发出请帖

通常情况下，主人发出的请帖或口头邀请要多于实际筹划的人数，以免出现空缺现象。

1. 对于小型鸡尾酒会

不必非要印制请帖，口头发出邀请即可。邀请可提前两周发出，也可再迟一些，但一定要给客人留出选择的时间。

邀请时间：________________

2. 对于大型或正式的酒会

最好印制专业请帖，并提前两周发出。

常见请帖的格式：________________

（二）人群密度

成功的鸡尾酒会一般应使人群密度适中，筹备时必须充分考虑场所的容量和通风情况。

人数及所需面积：________________

（三）了解客人

筹备前对客人的各方面特点都要有一个清晰、全面的了解。若来宾以年轻人为主，餐桌旁放椅子则不十分必要。

（四）取用方便

让客人取用方便，十分容易找到自己想要的东西也是成功酒会的重要因素。

（1）香烟可置于合适的容器中，烟灰缸应该既大又深，并将其四处放置。

（2）果仁、点心之类的食品应方便持拿，最好将其放于合适的碗或盘中，以方便取用。

（3）酒水要准备充足，供应及时。尤其要注意给不饮酒的客人提前准备无酒精饮料。

三、餐前准备

（一）了解鸡尾酒会任务内容

本课任务描述：________________

____

（二）鸡尾酒会的设计

1. 鸡尾酒会的布局

* 对鸡尾酒会开展的空间要求：________________

____

* 对调酒师的要求：____

____

* 做好场地的管理：____

____

* 按主办者的主办目的和要求设计、布置酒会会标，并装饰餐厅：________

____

2. 吧台设计

鸡尾酒会的吧台设计与冷餐酒会大致相同，两者的区别主要有以下两点。

* 一是根据本课任务所需______数量：______________________
* 二是根据本课任务所需______数量：______________________

3. 摆放餐桌

根据具体细节要求摆放台形、桌椅。

* 小型餐桌（方桌或圆桌）摆放的要求：______________________

____

* 椅子摆放的要求：____

____

4. 摆放小吃

* 摆放的时间要求：____

____

* 摆放的内容要求：____

____

* 致辞台、签到台的准备和酒水斟倒的要求：____________________

____

（三）现场设备调试

* 调试的设备种类：____

____

* 调试的方法及要求：______________________________________

____

（四）食品、器具准备

____

四、餐中服务

（一）迎宾服务

* 站姿：
* 仪容仪表：
* 仪态姿势：
* 操作流程：

（二）酒品饮料服务

* 酒水托让：
* 操作标准：
* 服务技巧：
* 其他事宜：

（三）菜点服务

* 在酒会开始前半小时：
* 酒会开始后：
* 在酒会结束前：
* 酒会结束后：
* 其他事宜：

（四）巡台服务

鸡尾酒会中，每位服务员都应勤巡视，递送餐巾、酒水和食物。

* 巡场人员安排：
* 巡视内容要求：

* 巡视流程及操作技巧：____

____

五、餐后结束工作

* 酒会结束时：____

____

* 宾客自带酒水的处理：____

____

* 宾客离开后：____

____

* 场地收拾整理工作：____

____

* 其他事宜：____

____

六、鸡尾酒会用餐礼仪

接待人员在参加鸡尾酒会时，既要了解酒会形式松散的特点，又要认真对待参加酒会所必备的礼仪，了解酒会的餐序、趋势规则和各种禁忌，以体现出自身的良好素质。

（一）掌握餐序

* 标准餐序：____

____

（二）排队取食

____

____

（三）多次少取

* 重要原则与做法：____

____

（四）禁止外带

* 特别注意：____

（五）交际方式

从某种意义上说，鸡尾酒会的交际意义远远大于酒会的饮食意义。展现个人魅力，促进社交成功，是酒会的主要目的之一。

任务评价

<table>
<tr><th colspan="2" rowspan="2">评价内容</th><th rowspan="2">评价标准</th><th colspan="2">评价</th></tr>
<tr><th>小组互评</th><th>教师评价</th></tr>
<tr><td>餐前服务</td><td>鸡尾酒会设计</td><td>1. 酒会布局
2. 吧台设计
3. 摆放餐桌
4. 摆放小吃
5. 了解任务
6. 现场调试
7. 食品、用具准备</td><td></td><td></td></tr>
<tr><td rowspan="2">餐中服务</td><td>迎宾服务</td><td>1. 热情迎宾
2. 酒水饮料服务
3. 菜点服务
4. 巡台服务</td><td></td><td></td></tr>
<tr><td>席间服务</td><td>1. 调整餐用具
2. 菜肴 / 酒水服务
3. 巡台服务
4. 撤换烟灰缸
5. 突发状况处理</td><td></td><td></td></tr>
<tr><td>餐后服务</td><td>结束工作</td><td>1. 结账服务
2. 礼貌送客
3. 整理场地</td><td></td><td></td></tr>
<tr><td colspan="5">总　评：　　优秀 □　　良好 □　　基本掌握 □</td></tr>
<tr><td colspan="5">自我评价：</td></tr>
<tr><td colspan="5">教师建议：</td></tr>
</table>

任务挑战

以小组为单位，自拟一个主题，设计一个室外鸡尾酒餐台。

要求：主题突出，布置设计围绕主题展开，并富有创意。

附录

授课计划

课件

课程教案

课程评价

试题

参考文献

[1] 张丹花，茅蓉．餐饮服务与管理［M］．上海：上海交通大学出版社，2018.

[2] 欧荔，陈鹭洁，李荔娜．餐饮服务与管理［M］．上海：上海交通大学出版社，2017.

[3] 赵莹雪．餐饮服务与管理项目化教程［M］．北京：清华大学出版社，2018.

[4] 饶雪梅，鞠红霞．餐饮服务与管理［M］．北京：高等教育出版社，2018.

[5] 赵丽华，陈莹．点菜师服务［M］．北京：旅游教育出版社，2013.

项目策划：段向民
责任编辑：张芸艳
责任印制：谢　雨
封面设计：武爱听

图书在版编目（CIP）数据

餐饮服务与管理 / 教育部，财政部组编 ；黄松，李燕林主编 ；赵丽华，丁立华，刘玉执行主编. -- 2版. -- 北京 ：中国旅游出版社，2023.7（2025.2重印）

“十四五”职业教育国家规划教材

ISBN 978-7-5032-7186-1

Ⅰ. ①餐… Ⅱ. ①教… ②财… ③黄… ④李… ⑤赵… ⑥丁… ⑦刘… Ⅲ. ①饮食业－商业服务－职业教育－教材②饮食业－商业管理－职业教育－教材 Ⅳ. ①F719.3

中国国家版本馆CIP数据核字(2023)第138195号

书　　名：餐饮服务与管理（第二版）

组　　编：教育部　财政部
主　　编：黄　松　李燕林
执行主编：赵丽华　丁立华　刘　玉
出版发行：中国旅游出版社
（北京静安东里 6 号　邮编：100028）
http://www.cttp.net.cn　E-mail:cttp@mct.gov.cn
营销中心电话：010-57377103，010-57377106
读者服务部电话：010-57377107
排　　版：北京旅教文化传播有限公司
经　　销：全国各地新华书店
印　　刷：北京明恒达印务有限公司
版　　次：2023 年 7 月第 2 版　2025 年 2 月第 3 次印刷
开　　本：720 毫米 ×970 毫米　1/16
印　　张：16.25
字　　数：262 千
定　　价：49.80 元
I S B N　978-7-5032-7186-1